Ideen über Ideen

Kreuzstich

Ilse Stockmann-Sauer
Eleonore Gross-Ekowski
Andrea Helbig
Inge Wolff
Rosi Schmittgen
Eva Westermeier-Gerolstein
Hanna Winter
Sanna Dammann
Gabriele Jepsen
Rita Laude design

Ideen über Ideen

Kreuzstich

FALKEN

Inhalt

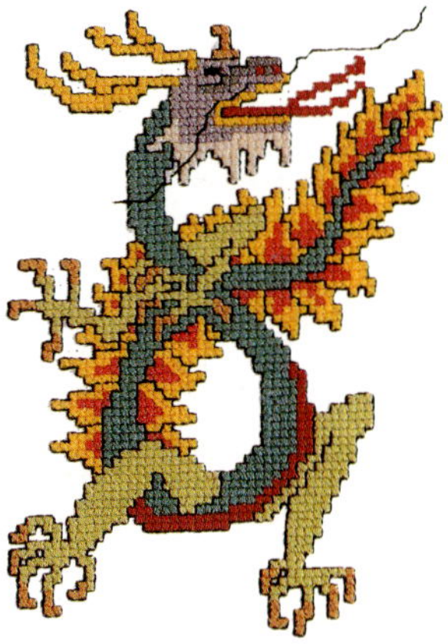

Freude an kleinen Kostbarkeiten

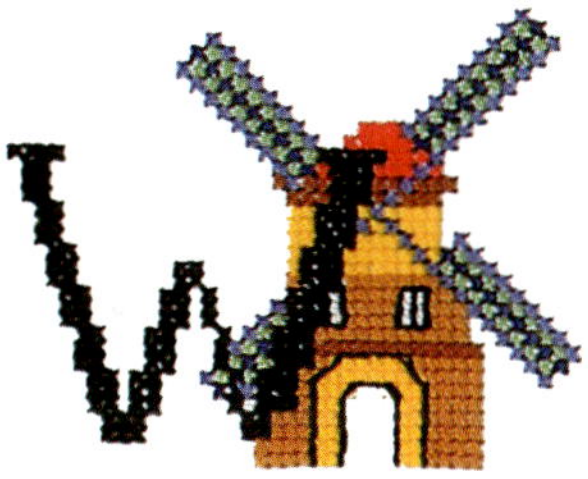

Lassen Sie sich verführen – zu einer klassischen Handarbeitstechnik, die sehr leicht zu lernen ist und dabei ungeheuer viele Gestaltungsmöglichkeiten bietet. So entstehen kleine Kostbarkeiten, die jedem zeigen, daß Sie das Schöne zu schätzen wissen.
Nehmen Sie sich Zeit, Zeit für sich selbst, um ein wenig zu entspannen und die Hektik des Alltags hinter sich zu lassen. Beim Sticken kommen wichtige Tugenden wie Geduld und Zielstrebigkeit zum Ausdruck, während die Beschäftigung mit wunderschönen Farben und Formen Ihren Sinn für Ästhetik und Harmonie schult und die Freude am kreativen Tun stets aufs neue belebt.

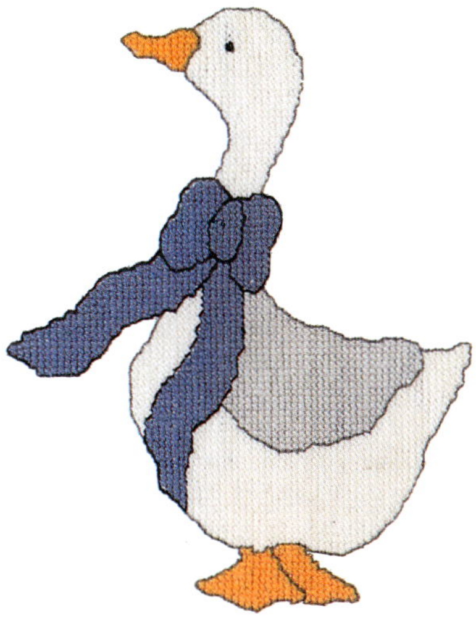

Reichhaltige Mustersammlung

Dieses Buch ist für alle gedacht, die – als Neuling oder geübte Stickerin – nach traditionellen oder zeitgemäßen Ideen suchen. Daß Kreuzstichmotive nicht „verstaubt" wirken müssen, zeigt unsere reichhaltige Zusammenstellung, an der sich viele Damen mit großem Eifer und Fleiß beteiligt haben.
Die Palette umfaßt Duftiges, Zartes und Blumiges, aber auch Fröhliches, Buntes und Farbintensives, einfache oder aufwendige Ideen für Bilder, Grußkarten, Kissen, Tischbänder, in modernem Design, im Landhausstil oder Ethnolook …
Diese Fundgrube an Ideen ist als Anregung gedacht. Entscheiden Sie selbst, für welche Verwendungszwecke Sie die Motive individuell nutzen wollen.

Nützliche Hilfen und Tips

Um Ihnen das Nacharbeiten zu erleichtern, haben wir sämtliche Zählvorlagen zum Heraustrennen vorgesehen. Die dort vorgeschlagenen Farben dürfen Sie natürlich beliebig abwandeln, so daß die fertige Stickerei Ihren ganz persönlichen Geschmack widerspiegelt. Nützliche Informationen zur Kreuzstichtechnik finden Sie übrigens auf Seite 6/7, allgemeine Hinweise zu unseren Zählvorlagen stehen auf Seite 49. Und nun wünschen wir Ihnen viel Spaß beim Durchblättern dieses Buches, vor allem aber viel Erfolg und Freude beim Sticken!

Kleine Einführung

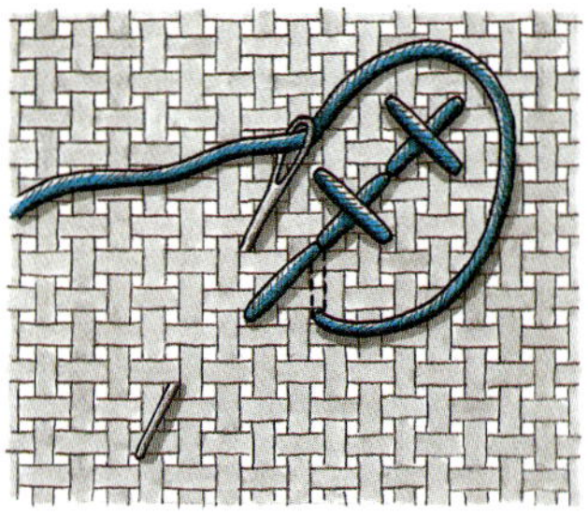

Diagonale Reihe

Kreuzstickerei – was ist das?

Der Kreuzstich zählt zu den fadengebundenen, flächenfüllenden Techniken der Buntstickerei. Man kennt diesen leicht zu erlernenden Stich schon seit vielen hundert Jahren. Üblicherweise wird er auf gut auszählbaren Stoffen ausgeführt.

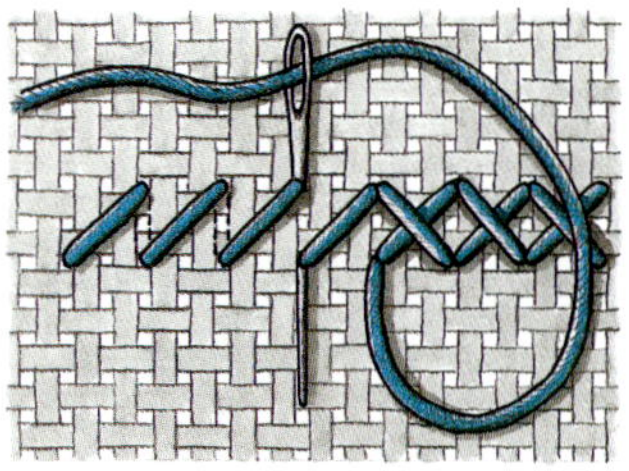

Waagerechte Reihe mit Unter- und Deckstichen

Material

Am schönsten fallen Kreuzstiche auf gleichmäßigem, zählbarem **Stickgrund** *aus. Damit sie quadratisch werden, soll das Gewebe in Kett- und Schußrichtung gleich viele Fäden im Quadrat aufweisen. Sonst wird die Stickerei – im Vergleich zur Vorlage – verzerrt.*
Am beliebtesten ist reines Leinen, es gibt aber auch Handarbeitsstoffe aus Baumwolle, auch Mischgewebe mit Viskose und ähnliches. Beim Kauf von Meterware ist es ratsam, stets etwas mehr zu nehmen, vor allem wegen Saum- oder Nahtzugaben. Der Handel bietet auch weiße oder (farbig) gemusterte Fertigwaren an (etwa Tischbänder und -decken, Handtücher, Lätzchen), die mit geeigneten Stickflächen versehen sind oder ganz aus gut zählbaren Stoffen bestehen.
Bei Handarbeitsstoffen unterscheidet man glatte Zählstoffe, die in der klassischen Leinwandbindung gewebt sind, von den sogenannten Aidageweben. Bei ihnen ergeben sich durch eine spezielle Bindungstechnik kleine Stichquadrate, die das Plazieren der Kreuzchen erleichtern. Jedoch eignen sie sich nicht für Stickereien mit halben oder versetzten Kreuzchen.
Die Dichte eines Stoffes gibt man mit der Anzahl der Gewebefäden pro Zentimeter an. Beispielsweise wird bei 12 Fäden/cm die Stickerei schon recht fein. Bei Aidastoffen zählen die Einstichstellen.
Am beliebtesten sind **Stickgarne** *aus Baumwolle, die in einer Vielzahl von Farbnuancen zu haben sind. Immer häufiger greift man zu einfädigen, matten Garnen, die durch die feinen dänischen Stickereien bekannt sind. Der stärker glänzende Sticktwist, der aus 6 Einzelfäden besteht, läßt sich hingegen bequem teilen und daher gut auf die unterschiedlichsten Gewebestärken abstimmen.*

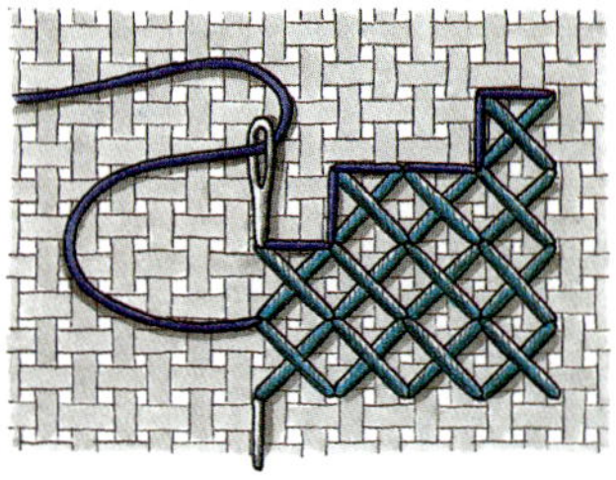

Konturen mit dem Steppstich

Senkrechte Reihe

Ganze, halbe und dreiviertel Kreuzchen

Zum fadengebundenen Sticken verwenden Sie stumpfe **Sticknadeln** (etwa Nr. 22 oder Nr. 24), denn weder die Gewebefäden noch die bereits gestickten Kreuzchen dürfen angestochen werden. Eine kleine, möglichst spitze **Schere** ist nicht nur zum Abschneiden der Fäden wichtig, sondern hilft auch dann, wenn einmal etwas falsch Gesticktes aufzutrennen ist.

Technik

Das **Grundprinzip** ist schnell erklärt: Jedes Kreuzchen wird in der Regel – bei glatten Zählstoffen – über 2 x 2 Gewebefäden gearbeitet. Es besteht aus dem Grund- oder Unterstich (von links unten nach rechts oben) und dem Deckstich (von rechts unten nach links oben). Bei der gesamten Stickerei behalten Sie dieses Prinzip bei, sonst wirkt das Ergebnis ungleichmäßig. Sehr sparsam ist der Garnverbrauch, wenn die Fäden auf der Rückseite nicht schräg, sondern waagerecht oder senkrecht verlaufen. Mehr als zwei Kreuzchen sollte man nicht mit dem Faden überspringen, besser vernähen Sie die Enden.
Am rationellsten stickt man den Kreuzstich in **Reihen**. Dabei führen Sie in der Hinreihe zunächst nur die Grund- oder Unterstiche aus, im zweiten Arbeitsgang ergänzen Sie die Deckstiche. Danach wechseln Sie zur nächsten Reihe. Gehen Sie waagerecht vor, beginnen Sie (als Rechtshänder) links, bei senkrechten Reihen unten. Achtung: Bei diagonal verlaufenden Reihen stellt man jedes Kreuzchen einzeln fertig.
Besondere Kreuzchen sind nötig, wenn zum Beispiel die Umrisse der Stickerei nicht treppenartig ausfallen sollen. Deshalb sehen manche Entwürfe auch halbe oder dreiviertel Kreuzchen vor. Die halben werden in einer Richtung nur über einen Gewebefaden gestickt. Beim dreiviertel Kreuzchen hat ein Stich die ganze, der andere nur die halbe Länge. Seltener werden ganze Kreuzchen um einen Gewebefaden gegeneinander versetzt.
Für betonte Konturen oder dünne Binnenlinien wählt man in vielen Fällen zusätzlich einen feinen **Linienstich**. Dazu bietet sich der bekannte Steppstich (auch Rückstich genannt, siehe Zeichnung) oder der Holbeinstich an: Hierzu sticken Sie zunächst eine Vorstichreihe, in der Rückreihe füllen Sie mit versetzten Vorstichen die Zwischenräume aus. In allen Fällen richtet sich die Stichlänge nach der Breite der Kreuzchen.

Tips

Beim Sticken entwickelt jeder eigene Vorlieben: Der eine stickt am liebsten frei in der Hand, führt Ein- und Ausstich jeweils in einem Arbeitsgang aus. Der andere verwendet einen **Stickrahmen**, um ein gleichmäßigeres Stickbild zu erzeugen. Manche sticken Ein- und Ausstich zwar getrennt, aber mit einer Hand. Andere setzen – bei festgeklemmtem Rahmen – beide Hände ein: die eine sticht von oben, die andere von unten ins Gewebe. Meistens verwendet man runde, seltener eckige Rahmen; zur Not tut´s auch ein handlicher Seidenmalrahmen. Beim Aufspannen sollte das Gewebe keinesfalls verzogen werden.
Damit Konturen und andere Linien **fein** ausfallen, kann man (bei Sticktwist) den Faden teilen.
Niemals dürfen beim Sticken die **Fadenenden** verknotet werden. Statt dessen lassen Sie den Anfang etwa 7–10 cm lang hängen und vernähen ihn nach den ersten Kreuzchen, indem Sie ihn etwa dreimal unter den rückwärtigen Stichen hin und her führen. Genauso verfahren Sie mit dem Ende des Garns.
Damit das Stickmotiv richtig in der **Mitte** des Stoffes sitzt, können Sie auch die Motivmitte kennzeichnen (in diesem Buch verweisen Pfeile auf das Zentrum) und dort mit dem Sticken beginnen.
Bei der **Pflege** Ihrer Stickerei orientieren Sie sich am schwächsten Glied. Beachten Sie also die Hinweise zur Wasch- und Bügeltemperatur der jeweiligen Stoff- und Garnhersteller. Falls Sie nicht die schonende Handwäsche bevorzugen, legen Sie wertvolle Stickereien vor der Maschinenwäsche in einen Beutel, um die Reibung möglichst gering zu halten.

Rosen, Tulpen, ...

Die Patchworktischdecke stammt von Eva Westermeier-Gerolstein, sie hat sich beim Entwerfen des Motivs vom Druckmuster des Stoffs inspirieren lassen. Solch eine romantische Decke ist natürlich eine Herausforderung für fleißige Stickerinnen und geschickte Näherinnen, doch selbstverständlich läßt sich die Rose auch einzeln gut verwenden, etwa für ein kleines gerahmtes Bild oder eine Grußkarte. Gestickt wurden die Rosen auf Leinen (10 Fäden/cm) mit mattem Baumwollgarn in 9 Farben. Die Originalstickerei (ein Motiv) ist ca. 9 x 9 cm groß. Die Zählvorlage haben wir auf Seite 50 abgedruckt.

Der Tulpenkorb, ein dekorativer, symmetrisch aufgebauter Entwurf von Rita Laude design, wurde hier auf Leinen gestickt (10 Fäden/cm) und als Bild farblich passend eingerahmt. Zum Nacharbeiten benötigt man 7 Farben eines matten Baumwollgarns. Die Originalstickerei ist ca. 11 x 9 cm groß. Die Zählvorlage befindet sich auf Seite 51.

Rosen: Eva Westermeier-Gerolstein (Entwurf und Ausführung); Tulpenkorb: Rita Laude design (Entwurf), Inge Wolff (Ausführung)

Lebendige Natur

Alle drei Beispiele stammen von Eleonore Gross-Ekowski. Ihre Freude an den Farbnuancen und Formen der Pflanzenwelt kommt in diesen Entwürfen zum Ausdruck.
Als Stickgrund wählte sie Leinen (12 Fäden/cm). Für die Anemonen haben wir drei Vorlagen auf Seite 52 abgedruckt. Das Foto zeigt, wie man durch Farbvariationen und spiegelverkehrte Anordnung der Blüten eine lebendige Vielfalt erzeugen kann. Die Blüten der Originalstickerei sind zwischen 4 cm und 7 cm hoch und wurden mit mattem Baumwollgarn gestaltet. Pro Blüte benötigt man 4 bis 7 Farben.
Für den dekorativen Cosmea-Kranz (er hat im Original einen Durchmesser von ca. 12 cm) reichen 4 Farbtöne aus. Der Steppstich eignet sich gut für das feinfiedrige Blattwerk.
Ein Tip: Zur Erleichterung der Arbeit kann man bei Kränzen Zählvorlage und

Eleonore Gross-Ekowski (Entwurf und Ausführung)

Stickrahmen um 90 Grad verdreht auf den Kopf stellen, sobald die untere Hälfte fertig ist. (Aber bitte nicht um 45 Grad, sonst stimmt die Stickrichtung der Kreuzchen nicht mehr.)
Der Kranz sowie das Ackerveilchen, für das man 7 Farbtöne benötigt, sind mit Sticktwist gestaltet.
Das Veilchen mißt als Originalstickerei ca. 8 x 5 cm.
Die Zählvorlagen finden Sie auf Seite 53 und 54.

Eleonore Gross-Ekowski (Entwurf und Ausführung)

Blüten und Früchte

Wie Naturstudien wirken diese Entwürfe. Für alle drei Beispiele wählte Eleonore Gross-Ekowski Leinenstickgrund (12 Fäden/cm). Die Fuchsie gestaltete sie mit mattem Baumwollgarn in 9 Farbtönen. Weil es diese Pflanzen in vielen Farbvarianten gibt, sollten auch Sie einmal andere Garnnuancen ausprobieren und vielleicht eine kleine Bilderserie oder Kissen mit verschiedenen Fuchsien entwerfen. Die Originalstickerei ist ungefähr 12 x 11 cm groß. Die Zählvorlage finden Sie hinten auf Seite 55.

Für die Walderdbeere, die sich nicht nur für Sets, sondern beispielsweise auch für ein kleines Bild eignet, werden 8 Farben verwendet (Sticktwist). Die Originalarbeit mißt etwa 11 x 8 cm. Auf Seite 56 finden Sie die Zählvorlage.

Die ca. 4 cm breite Preiselbeerbordüre, gestaltet in 7 Farben mit Sticktwist, kann auch ohne den dunklen Grund hübsch aussehen. Auf der Zählvorlage ist genau ein Rapport (17 cm lang) wiedergegeben, das Motiv läßt sich also beliebig verlängern, indem man es rechts oder links neu ansetzt. Wirkungsvoll sähe es beispielsweise auf Sets oder Tischbändern, auf Lesezeichen oder Raffbändern für Gardinen aus.

Die Zählvorlage haben wir auf Seite 57 abgedruckt.

Efeumotive und Winterbild: Hanna Winter (Entwurf und Ausführung); Orchidee: Eleonore Gross-Ekowski (Entwurf und Ausführung)

Für ein schönes Zuhause

Die Frauenschuh-Orchidee, ein Motiv von Eleonore Gross-Ekowski, ziert hier eine Passepartoutkarte. Doch vermutlich wird derjenige, der sie geschickt bekommt, dieses Geschenk eher als Bild an die Wand hängen. Gestickt ist dieses 6farbige Motiv mit Sticktwist auf Leinen (12 Fäden/cm). Es mißt im Original ca. 10 x 5 cm. Auf Seite 58 finden Sie die Zählvorlage.
Hanna Winter hat die Efeumotive sowie das Winterbild entworfen. Die Ranken auf Spanschachtel und Schleife sind auf Leinenband gestickt. Man kann dazu gut Garnreste (Sticktwist) in den verschiedensten Grüntönen verwenden und mit den natürlichen Nuancen spielen. Die etwa 5 cm breite Ranke hat eine Rapportlänge von 13 cm und läßt sich beliebig verlängern. Unsere Zählvorlage auf Seite 59 ist mit 5 Farben nachzuarbeiten.
Das Winterbild ziert in der kalten Jahreszeit das Heim der Stickerin von außen: als individuell gestaltetes Hausnummernschild. Als Stickgrund wählte sie für diese Landschaft mit der Kirche ihres Wohnortes einen Leinenstoff (10 Fäden/cm). Mit 9 Farben (Sticktwist) kann man das Motiv (ohne die Schrift) nacharbeiten, es wird dann ca. 17 x 21 cm groß.
Die Zählvorlage für das Winterbild finden Sie auf dem beigefügten Musterbogen (Nr. B/11).

Hereinspaziert

Rosi Schmittgen hat ein Faible für dekorative Türen, was auch die folgende Doppelseite zeigt. Schön sieht es aus, wenn man Passepartout und Rahmen farblich auf die Stickerei abstimmt.
Die hier abgebildete Tür ist auf Leinen gestickt (12 Fäden/cm), das matte Baumwollgarn in 5 Farben wird durch Goldeffektgarn für die Türbeschläge ergänzt. Damit die Rundungen nicht zu treppenartig ausfallen, „glättet" man sie durch halbe oder dreiviertel Kreuzchen.
Die Glasfenster im oberen Türbereich lassen sich am besten mit Steppstich- oder Vorstichreihen in zarten Tönen darstellen, um die Transparenz des Glases im Gegensatz zum lackierten Holz anzudeuten. Die Originalstickerei ist ca. 51 x 9 cm groß. Die Zählvorlage finden Sie auf Seite 60.

Rosi Schmittgen
(Entwurf und Ausführung)

Landhausstil in Blau und Weiß

Wie die Tür auf der vorigen Seite stammen auch diese einladenden Modelle von Rosi Schmittgen. Zu ihren Entwürfen inspirierten sie Fotos: So gestaltete sie zwei Türen von der Insel Sylt (links und Mitte) und eine aus Ostdeutschland. Wenn man einen großen Passepartoutkarton mit separaten Ausschnitten versieht, kann man alle drei Motive gemeinsam einrahmen.

Zum genauen Nachsticken benötigt man mattes Baumwollgarn in jeweils 4 oder 6 Farben und als Untergrund Leinen (12 Fäden/cm). Die mittlere Tür erhält zusätzliche Akzente durch Goldeffektgarn. Die Motive sind im Original zwischen 15 und 16 cm hoch und ca. 8 bis 13 cm breit. Die gleichmäßigen Rundungen ergeben sich durch halbe oder dreiviertel Kreuzchen. Die Zählvorlagen haben wir auf Seite 61 bis 63 abgedruckt.

Die Gans mit Schleife entwarf Eva Westermeier-Gerolstein in flächig-klarem Design. Angeregt dazu hatte sie ein Tiffany-Bild. Besonders dekorativ sieht solch eine Stickerei sicherlich in einer Landhausküche aus. Es wurde mit mattem Baumwollgarn in 6 Farben auf Leinen gearbeitet (12 Fäden/cm). Im Original mißt es 15 x 11 cm. Durch den Einsatz von halben Kreuzchen und Konturlinien fallen die Rundungen besonders gleichmäßig aus. Man kann mit den Umrissen beginnen und dann die Flächen aussticken. Die Zählvorlage der Gans finden Sie auf dem beigefügten Musterbogen (Nr. B/12).

Türen: Rosi Schmittgen (Entwurf und Ausführung); Gans: Eva Westermeier-Gerolstein (Entwurf und Ausführung)

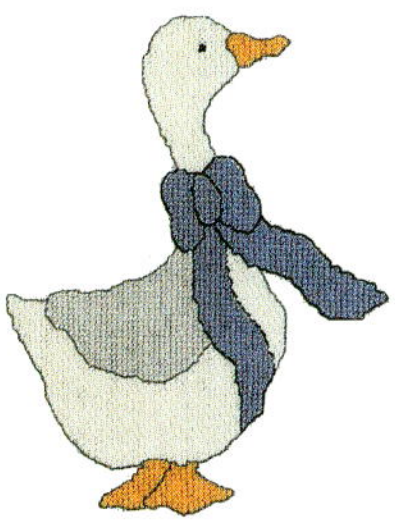

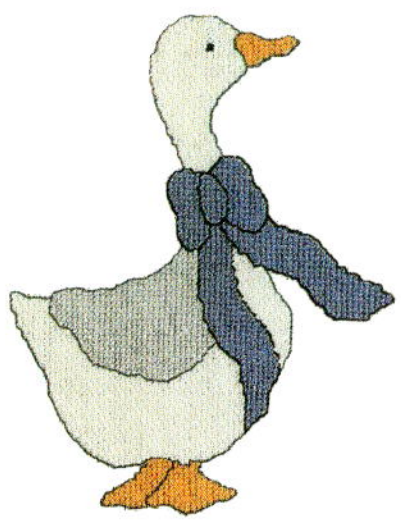

Stuhlparade ...

Die Entwürfe für diese originelle Bildergalerie stammen von Ilse Stockmann-Sauer (siehe auch die folgende Doppelseite), als Stickgrund diente Leinen (12 Fäden/cm).
Insgesamt 28 Farben sind erforderlich, will man die komplette Serie nachsticken. Pro Motiv auf dieser Doppelseite benötigt man 4 (unten) oder 10 Farben eines matten Baumwollgarns. Die Maße der Originalstickereien erreichen in der Höhe maximal 16 cm, in der Breite 12 cm. Schön sieht es aus, wenn alle Stühle auf die gleiche Art gerahmt werden und nebeneinander an der Wand hängen – als Blickfang für eine moderne Wohnung.
Die Zählvorlagen haben wir auf dem beigefügten Musterbogen abgedruckt (Nr. A/1 bis A/5).

Ilse Stockmann-Sauer (Entwurf); Renate Knauff-Eickmann (Ausführung)

... mit Fortsetzung

Diese zwei Motive gehören zur Stuhlparade, die auf Seite 20 begann. Allgemeine Angaben finden Sie dort. Zum Nachsticken der hier gezeigten Modelle benötigt man 9 und 11 Farben. Natürlich kann jeder Stuhl farblich nach eigenen Vorstellungen variiert werden. Die Zählvorlagen für die gesamte Stuhlparade finden Sie auf dem beigefügten Musterbogen (Nr. A/1 bis A/5).

Ilse Stockmann-Sauer (Entwurf); Renate Knauff-Eickmann (Ausführung)

Ilse Stockmann-Sauer (Entwurf); Renate Knauff-Eickmann (Ausführung)

Erinnerung an eine Reise

Mit diesem modernen malerischen Entwurf von Ilse Stockmann-Sauer stellen wir ein ausgefallenes, die ganze Fläche bedeckendes Bildmotiv für geduldige Stickerinnen vor. Die Idee entwickelte sie nach einer Reise ins heiße Jerusalem.

Insgesamt benötigt man zum Nachsticken dieses Bildes 21 Farben eines matten Baumwollgarns. Wenn Sie beim Zusammenstellen des Stickgarns nicht jeden der hier vorgeschlagenen Töne genau treffen, ist das nicht tragisch. Beachten Sie hingegen, daß Ihre Stickerei in sich harmonisch wirkt und daß die von Ihnen ausgewählten Nuancen aufeinander abgestimmt sind.

Die Originalgröße des hier gezeigten Bildes – es ist auf Leinenstoff gestickt (12 Fäden/cm) – beträgt ca. 24 x 19 cm. Das Zählmuster finden Sie auf dem beigefügten Musterbogen (Nr. A/6).

Aus dem alten Ägypten

Motive aus dem alten Ägypten gaben Ilse Stockmann-Sauer die Anregung, einmal Stickmotive in dieser stilisierten Form zu entwerfen. Die gelben und blauen Figuren wurden auf ein ca. 13 cm breites, die Vögel auf schmalere Bänder gestickt, die es in den verschiedensten Ausführungen zu kaufen gibt. Bei dem verwendeten Stickgrund (12 Fäden/cm) werden die Bordüren ca. 8 cm bzw. 4 cm hoch. Sie eignen sich zum Beispiel als Tischband, passend zu eher modernem Geschirr. Denkbar sind sie jedoch auch als Gardinenband, etwa in einem modernen, weiß gekachelten Bad.

Wie man links sieht, wirken solche Motive auch einzeln hübsch, etwa in kleinen Passepartoutkärtchen. Wer will, kann sie auch spiegelverkehrt gegeneinander laufen lassen, wie hier bei den Vogelbordüren demonstriert. Die Beispiele wurden mit mattem Baumwollgarn in 2 Farbtönen gestickt. Die Zählvorlagen finden Sie auf Seite 64.

Ilse Stockmann-Sauer (Entwurf); Ulrike Albers (Ausführung)

Die Farben Südamerikas

Die vier stilisierten Vögel entwarf Ilse Stockmann-Sauer nach einem Baumwolltuch aus Peru (15. Jahrhundert); zu dem Bild rechts ließ sie sich durch mexikanische, symbolartige Einzelmotive inspirieren. Die warmen, erdigen Farben lassen sich gut mit mattem Baumwollgarn wiedergeben, als Stickgrund diente in beiden Fällen Leinen (12 Fäden/cm). Das vollflächig ausgestickte Bild mißt als Original ca. 18 x 18 cm. Die Zählvorlage finden Sie auf dem beigefügten Musterbogen (Nr. A/7). Das Vogelmotiv (ein Element daraus) ist im Original ca. 6 x 6 cm groß, die Zählvorlage haben wir in zwei Farbvorschlägen auf Seite 65 abgedruckt. Um die vier Vögel wie abgebildet nachzuarbeiten, würde man 7 Farben benötigen. Natürlich kann man sie auch einzeln verwenden oder aufgereiht als Bordüre präsentieren, etwa auf Kissen, passend zu Korbstühlen. Die Anordnung und Farbwahl bleiben hier ganz Ihrem Geschmack überlassen.

Ilse Stockmann-Sauer (Entwurf); Marion Weiter-Malzkorn (Ausführung)

Chinesisch essen

Die asiatischen Schriftzeichen auf Servietten, Sets und auf einem Tischband bilden ein stilvolles Ambiente für ein chinesisches Essen. Von Ilse Stockmann-Sauer stammt diese Idee, umgesetzt wurde sie auf Leinen (10 Fäden/cm). Insgesamt waren hier nur 2 Farben des matten Baumwollgarns nötig. Denkbar wäre auch eine Variation mit schwarzem oder goldenem Garn auf rotem Stoff. Das Motiv für das Tischband (eine Seite) hat eine Länge von ca. 35 cm und eine Breite von 4 cm. Die beiden Einzelzeichen (rechtes Foto) messen in der Höhe ca. 6 cm. Auf dem beigefügten Musterbogen finden Sie die Zählvorlagen (Nr. A/8 bis A/10).

Ilse Stockmann-Sauer (Entwurf); Renate Knauff-Eickmann (Ausführung)

Besondere Gaumenfreuden

Das Tischset mit passender Serviette entwarf Ilse Stockmann-Sauer für das besondere Festessen. Die Idee wurde Ton in Ton mit Sticktwist in 6 Farben auf einem leicht unregelmäßigen Mischgewebe umgesetzt (7 bis 8 Fäden/cm). Der Hummer hat hier, mit den Fühlern, eine Größe von ca. 22 x 17 cm, die Garnele mißt ca. 4 x 10 cm. Wer will kann sie – wie auf dem Foto zu sehen – zusätzlich noch einmal spiegelverkehrt sticken. Die kleinen Steppstichspiralen verteilt man nach Belieben locker über die noch freie Fläche. Sie geben dem Design mehr Leichtigkeit. Die Zählvorlagen finden Sie auf Seite 66.

Ilse Stockmann-Sauer (Entwurf); Marlies Sauerborn (Ausführung)

Spritzige Cocktails

Garne in genau 20 Farben benötigt man, um dieses fruchtige Motiv von Ilse Stockmann-Sauer nachzuarbeiten. Für die Realisierung der Idee wurde in diesem Fall Sticktwist und als Zählstoff Modal gewählt (10 Fäden/cm). Das Hauptmotiv mißt im Original ca. 23 x 23 cm. Hinzu kommen kleine Elemente, die man – wie hier die Erdbeere – ganz nach Belieben zusätzlich über die freie Fläche streuen kann. Damit die Rundungen und Schrägen möglichst gleichmäßig ausfallen, sollte man hier mit halben oder dreiviertel Kreuzchen und mit Konturen arbeiten.
Die Zählvorlage finden Sie auf dem beigefügten Musterbogen (Nr. B/13).

Ilse Stockmann-Sauer (Entwurf);
Elke Mengel (Ausführung)

Meeresgrüße

Vollflächig ausgestickt wird dieses Motiv, ein Entwurf für ein Kissen von Ilse Stockmann-Sauer. Schön sieht es aus, wenn man auch die weißen Innenflächen ausstickt und nicht nur als Stoffgrund freiläßt. Dieses Nautilusgehäuse wäre auch als gerahmtes Bild ein idealer Blickfang für die moderne Wohnung. Als Stickgrund dient hier ein Zählstoff aus Modal (10 Fäden/cm), den Sticktwist benötigt man zum genauen Nacharbeiten in 11 Farben.
Das Originalmaß des Motivs beträgt ca. 20 x 20 cm. Auf dem beigefügten Musterbogen finden Sie die Zählvorlage (Nr. B/14).

Ilse Stockmann-Sauer (Entwurf); Heidemarie Berger (Ausführung)

Sanna Dammann (Entwurf); Inge Wolff (Ausführung)

Elefantenparade

Das Elefantenmotiv mit Variationen entwarf Sanna Dammann. Wie man sieht, läßt es sich in den unterschiedlichsten Farbzusammenstellungen durchspielen: für Tischdecken, Sets, Servietten oder andere Dinge. Am besten verwendet man 7 Farben in feststehender Kombination (Palme, Elefantenkörper und so weiter), ergänzt durch die bunten Elemente, die man nach Belieben zusammenstellt. Hierfür eignen sich hervorragend die verschiedensten Garnreste, in diesem Fall Sticktwist. Unsere Zählvorlage sieht Symbole für 10 solcher Nuancen vor, doch dürfen Sie ruhig vom Entwurf abweichen.
Als Stickgrund wurde hier ein Baumwollzählstoff ausgewählt (Schülertuch mit 11 Fäden/cm). Im Original mißt der Elefant mit der Palme ca. 16 cm in der Höhe, der mit dem Reiter ca. 8 cm. Die Zählvorlage finden Sie auf Seite 67.

Andrea Helbig (Entwurf und Ausführung)

Klein, aber fein

Besonders Kindern werden diese Motive von Andrea Helbig gefallen. Die Bändchen sind schnell bestickt, sie eignen sich zum Beispiel als hübsche Geschenkschleifen, als Haarbänder oder – auf Draht gesteckt – als Dekorationen für die Blumentöpfe am Fenster.
Ein wenig mehr Muße braucht man hingegen für den Pinguin oder die Eisenbahn. Für eine gewisse Erleichterung beim Sticken sorgt der Aidastoff (mit 54 und 60 Stichen/10 cm).

Zum Nacharbeiten der Eisenbahn benötigt man 12 Töne (es wurde Sticktwist verwendet), sie mißt ca. 3 x 17 cm. Man kann sie jedoch beliebig verlängern, indem man zum Beispiel einfach die Anhänger in gemischter Reihenfolge mehrfach stickt. Es ergibt sich dann eine vielseitig nutzbare Bordüre.
Beim Pinguinbild kommt man mit 6 Farben aus (ca. 8 x 5 cm), bei den vier kleinen Bändermotiven, die maximal 4 cm hoch sind, reichen ebenfalls 6 Töne. Die Zählvorlagen zu diesen Ideen haben wir auf Seite 68 abgedruckt.

Ein Stickmustertuch der besonderen Art (rechtes Foto), stellt die Ansammlung von Dinosauriern dar, die besonders bei Kindern gut ankommen – vor allem, wenn sie so freundlich wie hier präsentiert werden. Andrea Helbig stickte das Bild mit Sticktwist in 51 Farben auf Aidastoff (54 Stiche/10 cm). Im Original ist das Motiv ca. 31 x 25 cm groß. Die Zählvorlage haben wir auf dem Musterbogen abgedruckt (Nr. B/15).
Der asiatisch anmutende große Drache ist als Bild für die Diele, das Arbeits- oder Kinderzimmer gedacht. Gestickt wurde er mit Sticktwist in 10 Farbtönen auf Aidastoff (55 Stiche/10 cm), er hat eine Größe von ungefähr 16 x 9 cm.
Die Zählvorlage finden Sie auf Seite 69.

Andrea Helbig (Entwurf und Ausführung)

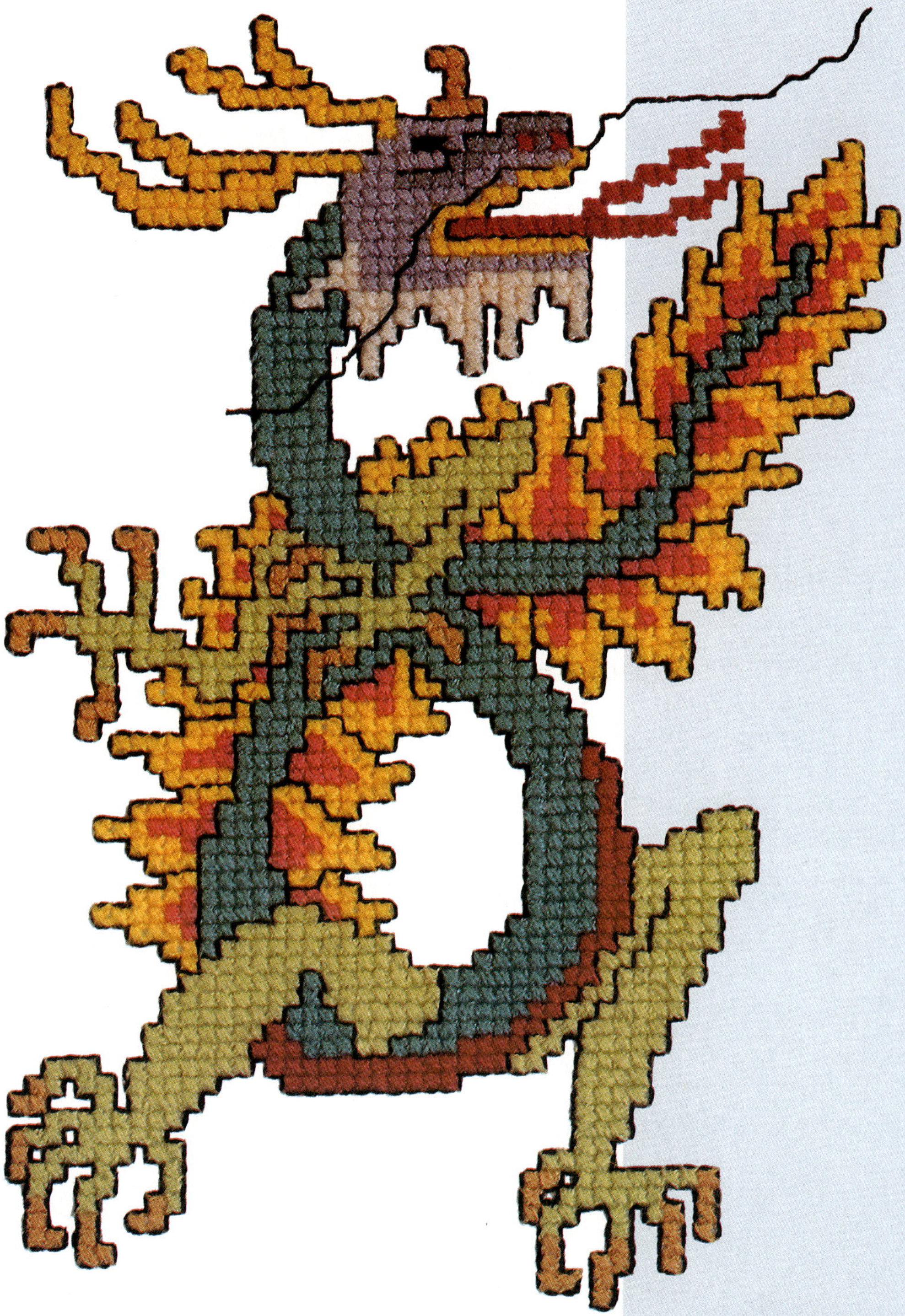

Saustarke Kartenmotive

Wer originelle Glückwunschkarten zu den verschiedensten Anlässen sucht, braucht sich nur ein Motiv von Gabriele Jepsen auszusuchen. Die Schweinchen hat sie mit Sticktwist auf Leinen gestickt (10 Fäden/cm) und mit farblich darauf abgestimmten Passepartouts gerahmt. Das Hochzeitsbild mißt ca. 14 x 14 cm (man benötigt zum Nacharbeiten 11 Farbtöne), bei den Wickelkindern (ca. 9 x 10 cm) und bei den Schulkindern (ca. 12 x 9 cm) kommen Sie mit 9 Nuancen aus. Die Zählmuster dazu finden Sie auf Seite 71 bis 73.

Nicht saustark, sondern „drachenstark" ist das Motiv von Andrea Helbig (Abbildung unten). Sie hat es mit Sticktwist in 5 Tönen auf Aidastoff gestickt (54 Stiche/10 cm). Der kleine Drache, der sicherlich auch ein witziges Kinderzimmerbild abgäbe, mißt hier ca. 11 x 8 cm. Die Zählvorlage haben wir auf Seite 70 abgedruckt.

Schweinemotive: Gabriele Jepsen (Entwurf und Ausführung); kleiner Drache: Andrea Helbig (Entwurf und Ausführung)

Fröhliches Bilderalphabet

Bordüren sind schon immer beliebte Kreuzstichdekorationen gewesen. Es läßt sich vieles damit verzieren, zum Beispiel Handtücher, Tischdecken und -bänder, Sets, ein gesticktes Alphabet und anderes. Die obere Bordüre hat Inge Wolff mit Sticktwist in 7 Farben auf Baumwollstoff gestickt (Schülertuch mit 11 Fäden/cm), die Breite beträgt dann ca. 5 cm. Der untere Entwurf ist mit Sticktwist auf Leinen gearbeitet, das Muster ist hier ca. 2 cm breit. Bei dieser Variante wird das schwarze „Grundgerüst“ ganz nach Belieben mit selbst zusammengestellten Farben ausgefüllt. Die Zählvorlagen für beide Bordüren finden Sie auf Seite 74.

Auch das Alphabet für Kinder, gestickt auf Leinen (12 Fäden/cm), ist mit einer Bordüre eingerahmt, 13 Farbtöne sind in ihr enthalten. Für die Buchstabenbilder sind hier insgesamt 14 Nuancen (Sticktwist) verwendet worden. Die Bordüre mißt in der Breite ca. 2 cm, das Gesamtbild hat (inklusive gestickter Bordüre) ein Format von ca. 57 x 85 cm. Die Buchstaben können selbstverständlich auch anders angeordnet oder einzeln verwendet werden.

Tip: Wenn Sie mit einem Buchstabenmonogramm etwa ein Sweatshirt verzieren wollen, heften Sie zunächst feinen Stramin als Zählhilfe auf den Jersey, sticken das Motiv und ziehen dann die Straminfäden heraus.

Die Zählvorlagen für die Einzelmotive sowie die Streifenbordüre finden Sie auf Seite 75 bis 80.

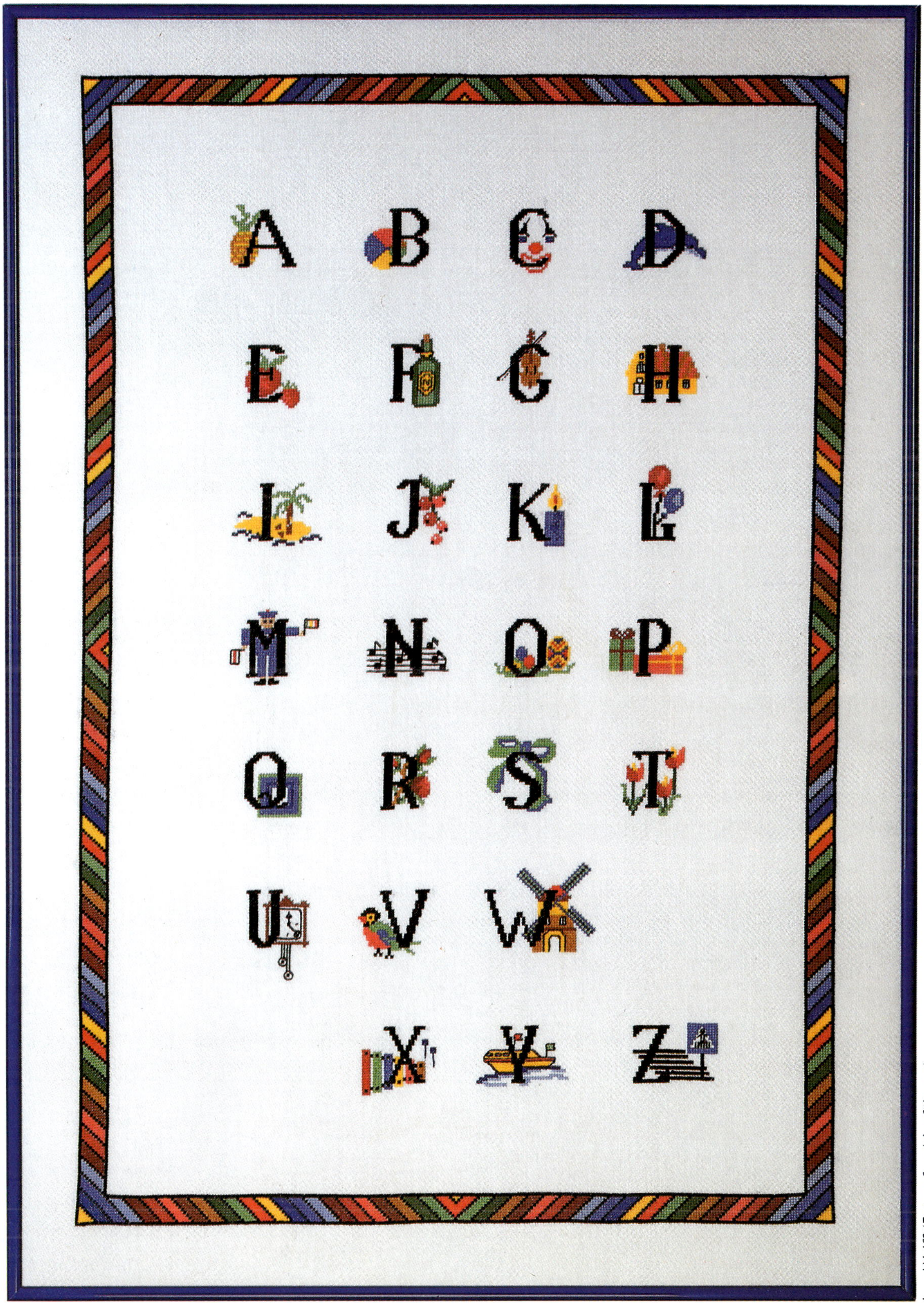

Inge Wolff (Entwurf und Ausführung)

Im FALKEN Verlag sind zahlreiche Titel zum Thema »Kreatives Gestalten« erschienen. Bitte fragen Sie in Ihrer Buchhandlung oder im Fachgeschäft für Hobbybedarf.

Für die ***Entwürfe*** *sind verantwortlich:*
Sanna Dammann, *Hamburg*
Eleonore Gross-Ekowski, *Hannover*
Andrea Helbig, *Brekendorf*
Gabriele Jepsen, *Brekendorf*
Rita Laude design, *Hamburg*
Rosi Schmittgen, *Kleinwinternheim*
Ilse Stockmann-Sauer, *Offenbach*
Eva Westermeier-Gerolstein, *Mayen*
Hanna Winter, *Bad Vöslau (Österreich)*
Inge Wolff, *Bielefeld*

Ferner wirkten bei der ***Ausführung*** *mit:*
Ulrike Albers, Heidemarie Berger, Renate Knauff-Eickmann, Elke Mengel, Marlies Sauerborn, Marion Weiter-Malzkorn.

Die Deutsche Bibliothek – CIP-Einheitsaufnahme

Kreuzstich *: Ideen über Ideen / Ilse Stockmann-Sauer ...*
[Fotos: Photo Illustrations Ltd., Jersey]. – Niedernhausen/Ts. :
FALKEN, 1995
ISBN 3-8068-1335-3
NE: Stockmann-Sauer, Ilse; Photo Illustrations Ltd. <Jersey>

ISBN 3 8068 1335 3

Umschlaggestaltung: *Peter Pinzer*
Umschlagmotive: Ilse Stockmann-Sauer, Inge Wolff, Andrea Helbig, Sanna Dammann
Gestaltung: *Christa Johanna Gramm*
Redaktion: *Regine Felsch*
Herstellung: *Michaela Krekel*
Titelbild: Photo-Illustrations Ltd., *Jersey*
Fotos: Photo-Illustrations Ltd., *Jersey*
Zeichnungen: Barbara Aranda, *Frankfurt (Zählvorlagen);*
Ulrike Hoffmann, *Bodenheim (S. 6/7)*

Satz: *DM-SERVICE Mahncke & Pollmeier OHG, Rodgau*
Druck: *Konkordia Druck GmbH, Bühl/Baden*

817 2635 4453 6271

Zählvorlagen

Allgemeine Hinweise

Handhabung

Auf den folgenden Seiten und auf dem beigefügten Bogen finden Sie die Zählvorlagen zu allen Mustern dieses Buches. Sie sind heraustrennbar, so daß Sie sie beim Nachsticken neben das Foto legen können. Nur in wenigen Ausnahmefällen stehen die Symbolerläuterungen jeweils auf der gegenüberliegenden Seite.

Lesbarkeit

Wenn Sie wollen, können Sie die Seiten mit einem Fotokopiergerät zusätzlich vergrößern. Stellt man als Vergrößerungsfaktor beispielsweise 141% ein, so wird aus einem DIN-A4-Format ein DIN-A3-Format. Wer will, kann die Vorlage zusätzlich mit Farbstiften buntmalen, damit man sich beim Zählen noch besser orientieren kann. Eine weitere Hilfe ist ein Lineal, das man an die Reihe legt, die soeben bearbeitet wird.

Maße und Umrechnung

Bei den Zählmustern in diesem Buch gilt:
1 Kästchen = 2 x 2 Gewebefäden = 1 Kreuzchen.
Aus den Zählvorlagen ist die maximale Anzahl der Kästchen in Höhe und Breite ersichtlich. Zusätzlich sind bei den Fotos die verwendeten Stoffe aufgeführt (Anzahl der Gewebefäden pro cm) sowie die Größe der Originalstickereien. Nach diesen Angaben können Sie auch leicht errechnen, wie groß Ihre eigene Stickerei wird, falls Sie einen anderen Stickgrund bevorzugen.
Beispiel: Ein Muster mit 60 Kreuzchen in der Höhe läuft über 120 Gewebefäden. Bei einem Stoff mit 10 Fäden/cm wird das Motiv 12 cm hoch, bei 12 Fäden/cm mißt es 10 cm in der Höhe, bei einem gröberen Stoff mit 8 Fäden/cm sind es dann 15 cm.

Farben und Symbole

Die Symbole (oder Ziffern) kennzeichnen jeweils eine Farbe, sie sind bei den Mustern angegeben. In der Regel stehen dort die Garnnummern für eine bestimmte Garnsorte. (Nur wenn die Garnsorte nicht mehr nachzuvollziehen war, haben wir darauf verzichten müssen.)

Doch damit Sie bei der Verwendung eines anderen Fabrikates ebenfalls die richtige Wahl treffen, haben wir zusätzlich allgemeine Farbzeichnungen hinzugefügt. Es ist jedoch zu berücksichtigen, daß man feine Nuancen kaum exakt mit Worten beschreiben kann, so daß im Zweifelsfall immer Ihr ganz eigenes Farbempfinden ausschlaggebend sein sollte.

Plazierung

Damit sich die Motive richtig auf dem Stoff plazieren lassen, ist an allen Zählvorlagen mit zwei Pfeilen die Mitte angegeben. Die Stoffmitte kennzeichnen Sie, nachdem Sie die Fläche zweimal (längs und quer) gefaltet haben. Das geht schneller als jedes Nachmessen oder Auszählen der Gewebefäden.

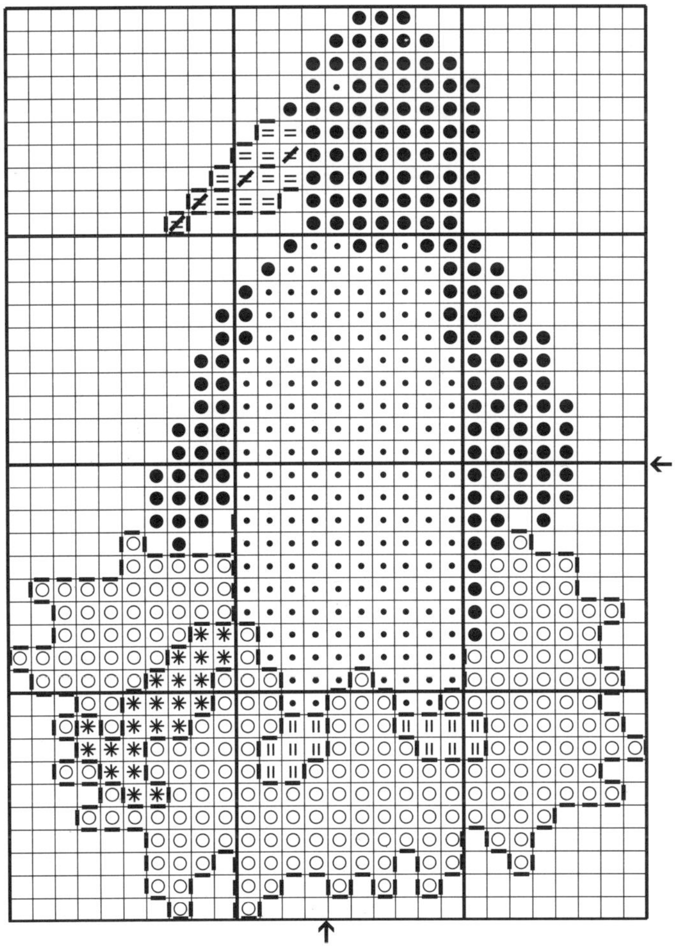

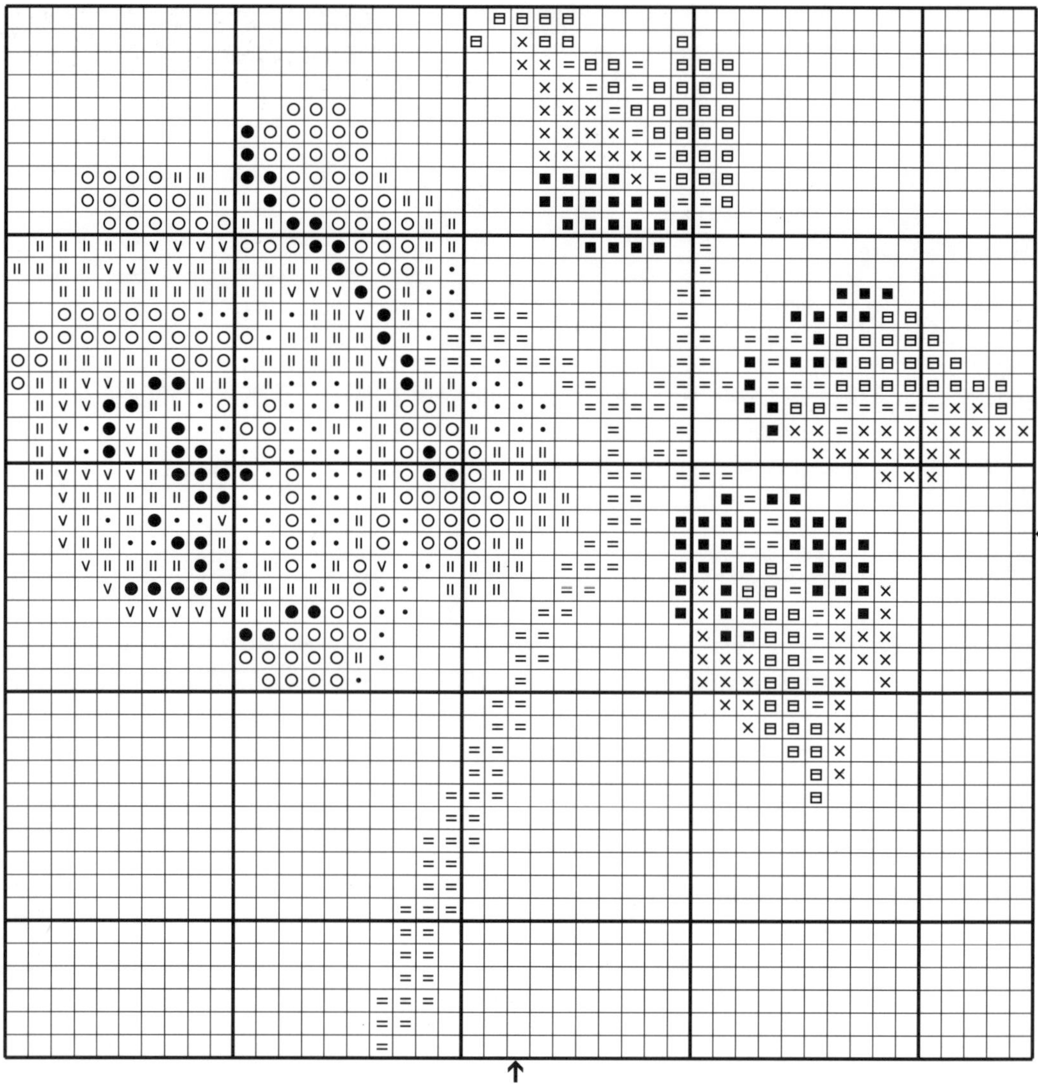

Rose

Foto Seite 8

Umfang der Stickerei

46 Kreuzchen hoch
45 Kreuzchen breit

Unsere Farbvorschläge

- • *Hellrosa (968)*
- ○ *Mittelrosa (2 HF)*
- II *Pink, mittel (77)*
- V *Dunkelrosa (970)*
- ● *Pink, dunkel (65)*
- X *Hellgrün (231 HF)*
- ⊟ *Mattgrün (224 HF)*
- = *Graugrün (9 HF)*
- ■ *Dunkelgrün (210 HF)*

Die Nummern beziehen sich auf das in der Originalstickerei verwendete Garn: Dansk Blomstergarn von Haandarbejdets Fremme (HF), die übrigen Nordin von Coats Mez.

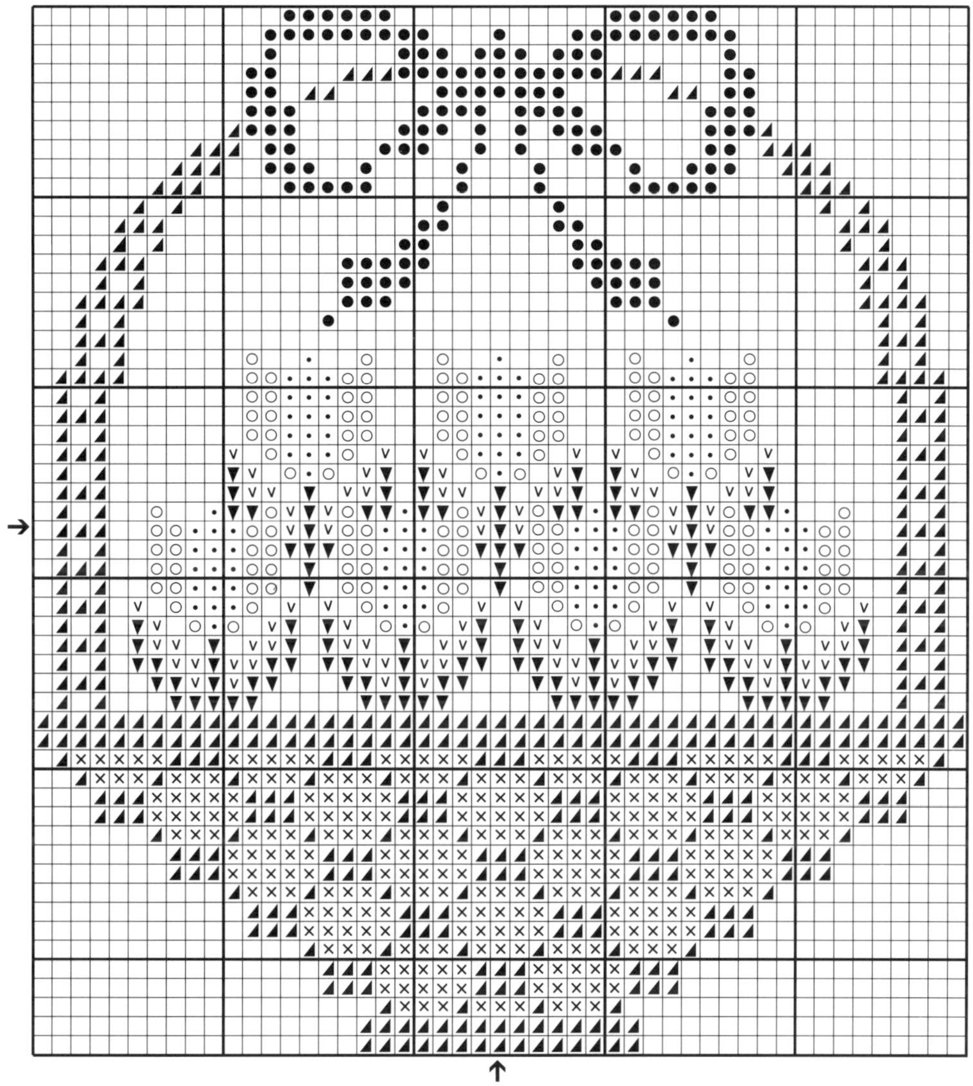

Tulpenkorb

Foto Seite 9

Umfang der Stickerei

55 Kreuzchen hoch
49 Kreuzchen breit

Unsere Farbvorschläge

- X *Hellblau*
- ◢ *Mittelblau*
- • *Hellrosa*
- ○ *Mittelrosa*
- ● *Dunkelrosa*
- V *Hellgrün*
- ▼ *Mittelgrün*

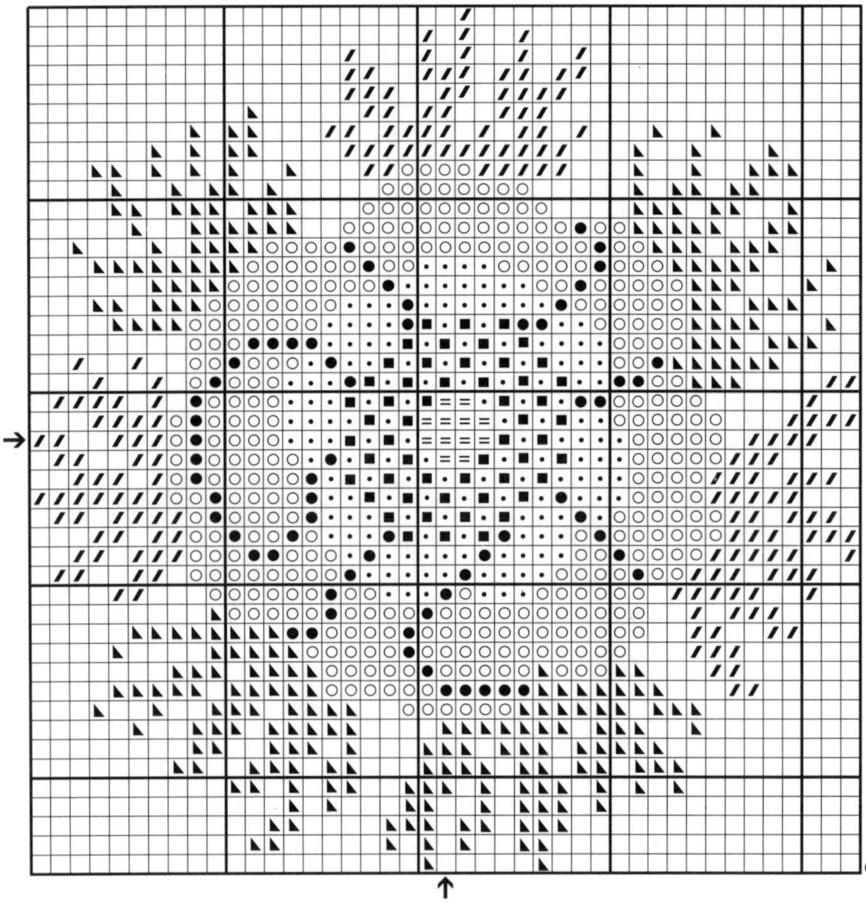

c

Foto Seite 11

Umfang der Stickerei

In der Reihenfolge der Blüten a/b/c:
30/27/45 Kreuzchen hoch
31/23/43 Kreuzchen breit

Unsere Farbvorschläge

- • Weiß (600)
- □ Hellblau (304)
- ⬓ Dunkelblau (228)
- ■ Schwarzblau (201)
- = Gelbgrün (506)
- / Hellgrün (10)
- ◣ Dunkelgrün (238)
- V Hellila (230)
- ▲ Dunkellila (23)
- ○ Hellrot (400)
- ● Dunkelrot (4)

Wenn Sie für ein Streumuster weitere Blüten sticken wollen, wählen Sie die Farbnuancen nach eigenem Geschmack; oder Sie tauschen die oben angegebenen Farben der Blütenblätter zunächst aus.
Die Nummern beziehen sich auf das in der Originalstickerei verwendete Garn: Dansk Blomstergarn von Haandarbejdets Fremme.

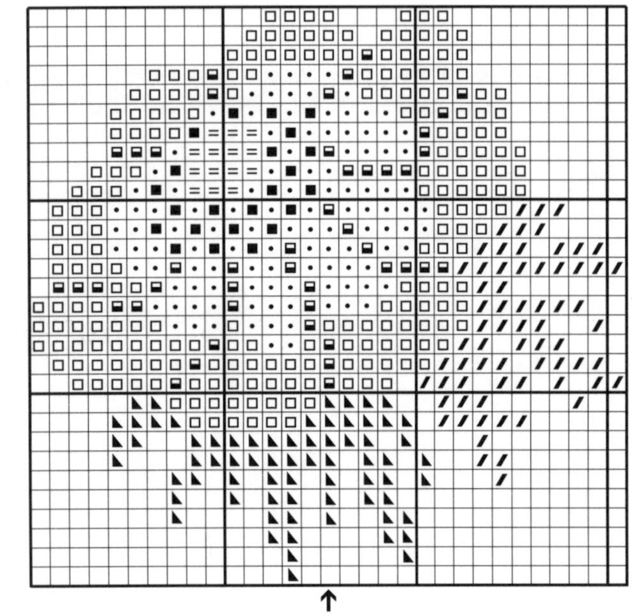

a

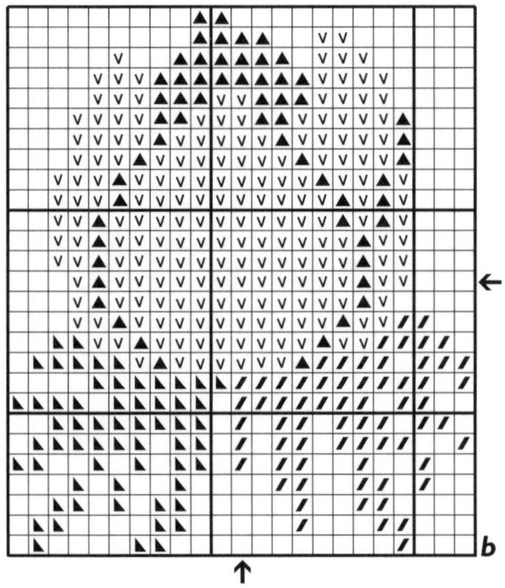

b

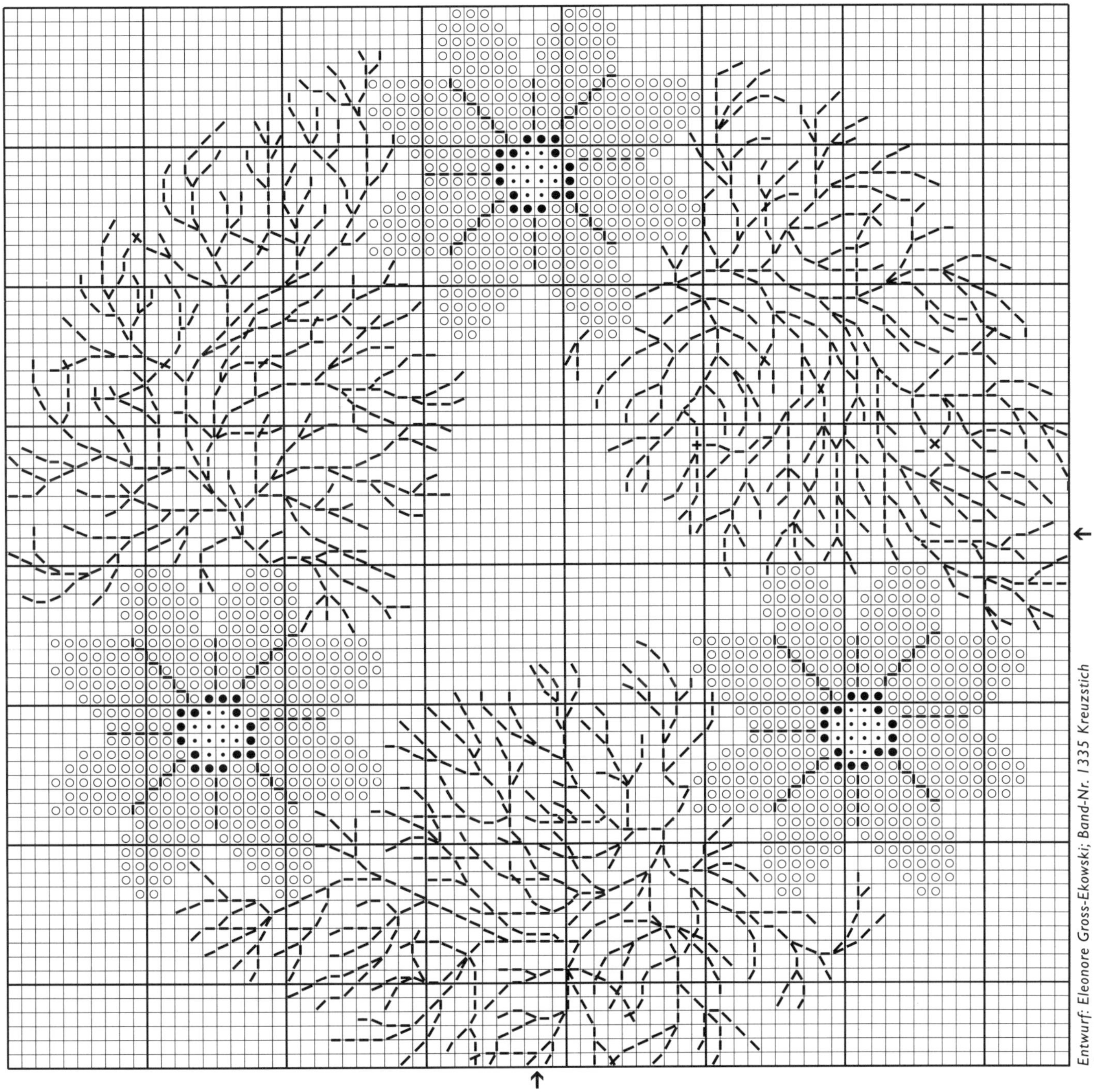

Cosmea

Foto Seite 10

Umfang der Stickerei

76 Kreuzchen hoch
76 Kreuzchen breit

Unsere Farbvorschläge

- · *Gelb (295)*
- ● *Dunkelrosa (89)*
- ○ *Hellrosa (86)*

Steppstichlinien: – – – –
Dunkelrosa (89; in den Blüten)
Grün (243; Blattwerk)

Die Steppstiche, die bei der Kreuzstickerei meist nur zum Konstruieren verwendet werden, führen hier ein Eigenleben. Wer sich nicht genau am Zählmuster orientieren will, kann das Blattwerk auch frei gestalten. Die Nummern beziehen sich auf das in der Originalstickerei verwendete Garn: Anchor Sticktwist von Coats Mez.

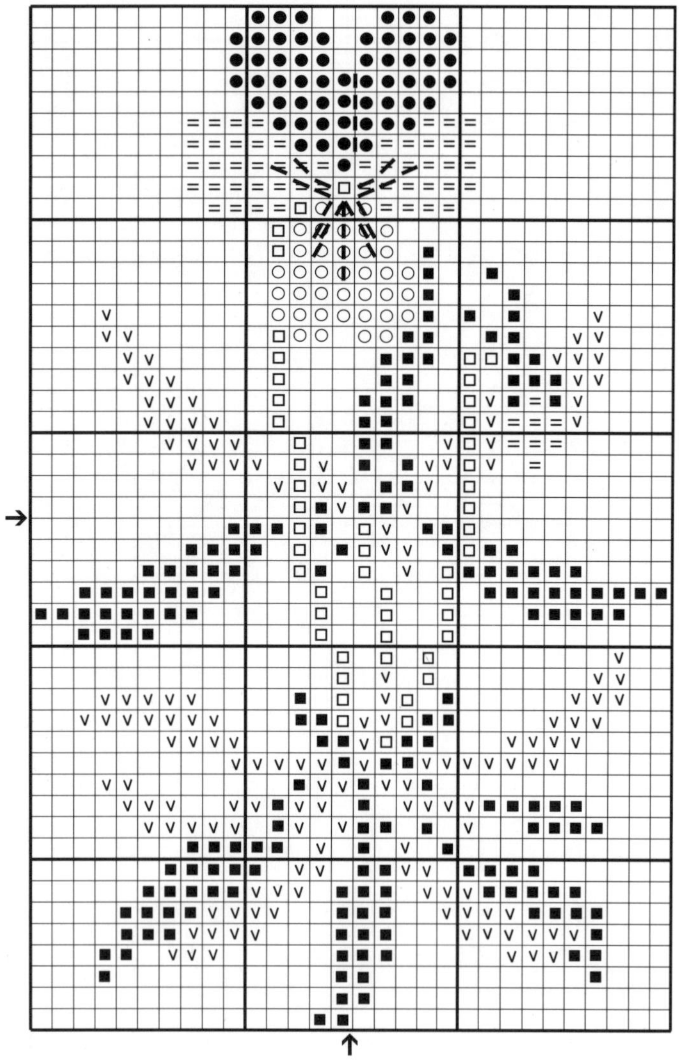

Entwurf: Eleonore Gross-Ekowski; Band-Nr. 1335 Kreuzstich

Foto Seite 11

Umfang der Stickerei

48 Kreuzchen hoch
30 Kreuzchen breit

Unsere Farbvorschläge

= *Blaßgelb (292)*
○ *Gelb (305)*
● *Lila (110)*
□ *Hellgrün (214)*
V *Mittelgrün (208)*
■ *Dunkelgrün (210)*

Steppstichlinien: – – – –
Dunkellila (102; in der Blüte)

Die Nummern beziehen sich auf das in der Originalstickerei verwendete Garn: Anchor Sticktwist von Coats Mez.

Foto Seite 13 (Zählmuster Seite 55)

Umfang der Stickerei

78 Kreuzchen hoch
72 Kreuzchen breit

Unsere Farbvorschläge

○ *Hellrot (500)*
● *Dunkelrot (400)*
• *Weiß (0)*
= *Hellgrün (223)*
V *Mittelgrün (101)*
◣ *Dunkelgrün (238)*
X *Hellgrau (19)*
■ *Dunkelgrau (32)*
□ *Braun (14)*

Steppstichlinien: – – – –
Hellrot (500) oder Dunkelrot (400; Staubfäden passend zur jeweiligen Blüte) Braun (14; Stengel)

Die Nummern beziehen sich auf das in der Originalstickerei verwendete Garn: Dansk Blomstergarn von Haandarbejdets Fremme.

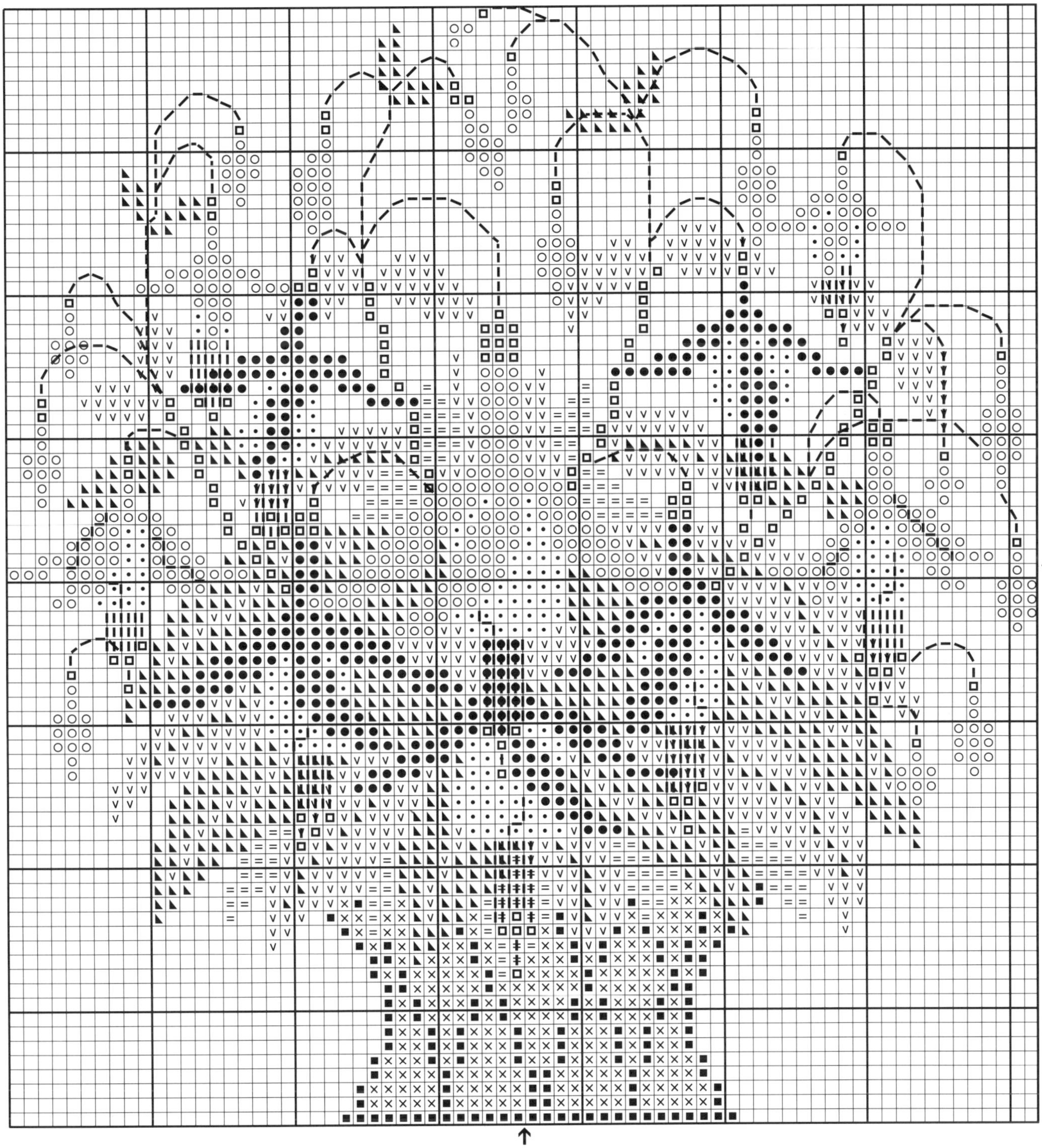

Entwurf: Eleonore Gross-Ekowski; Band-Nr. 1335 Kreuzstich

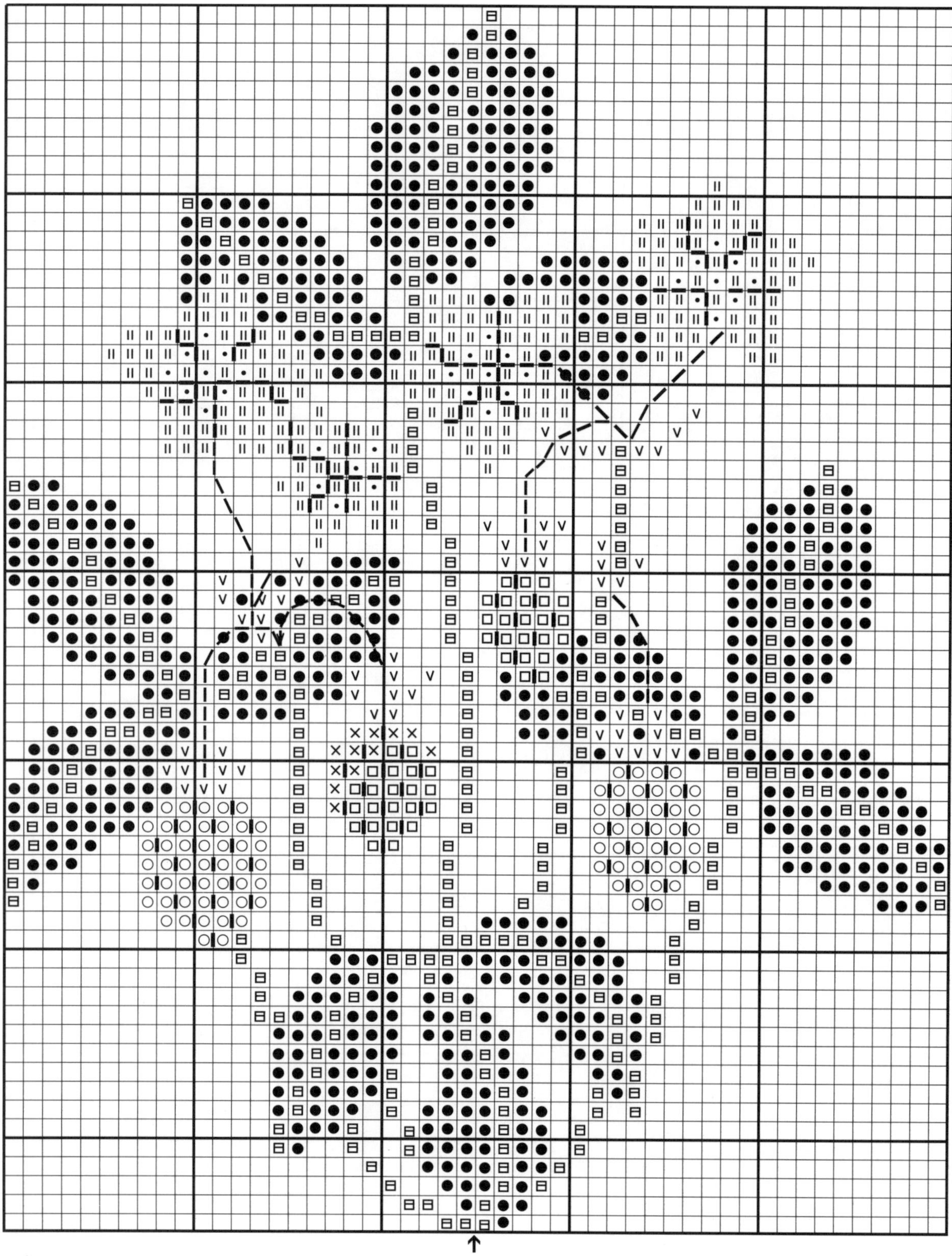

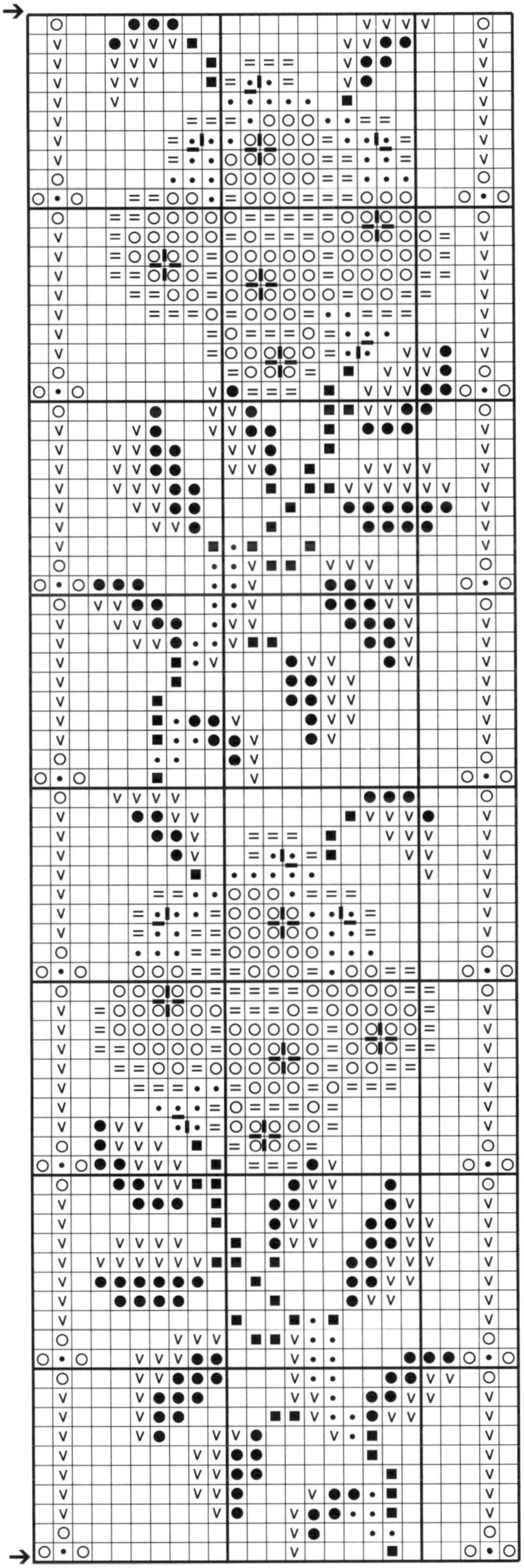

Entwurf: Eleonore Gross-Ekowski; Band-Nr. 1335 Kreuzstich

Preiselbeeren

Foto Seite 12

Umfang der Stickerei

25 Kreuzchen Bordürenbreite
80 Kreuzchen Rapportlänge (von Pfeil zu Pfeil)

Unsere Farbvorschläge

○ *Leuchtendrot (46)*
= *Blaßrot (35)*
■ *Braun (5975)*
• *Weißlichgrün (213)*
V *Hellgrün (210)*
● *Dunkelgrün (212)*
Ohne Symbol (Hintergrund): Dunkelblau (213)

Steppstichlinien: – – – –
Blaßrot (35; die Ecken in den weißlichgrünen Flächen)
Weißlichgrün (213; Lichtreflexe auf den Beeren)

Die Nummern beziehen sich auf das in der Originalstickerei verwendete Garn: Anchor Sticktwist von Coats Mez.

Foto Seite 12 (Zählmuster Seite 56)

Umfang der Stickerei

65 Kreuzchen hoch
50 Kreuzchen breit

Unsere Farbvorschläge

II *Weiß (1)*
• *Gelb (295)*
□ *Blaßgrün (259)*
V *Hellgrün (241)*
⊟ *Mittelgrün (243)*
● *Dunkelgrün (245)*
○ *Erdbeerrot (47)*
X *Rosa (33)*

Steppstichlinien: – – – –
Mittelgrün (243; zwei Blattstengel)
Hellgrün (241; in den Blüten und im Blaßgrün der Erdbeeren)
Erdbeerrot (47; im Rosa der mittleren Erdbeere)
Rosa (33; im Erdbeerrot)

Die Nummern beziehen sich auf das in der Originalstickerei verwendete Garn: Anchor Sticktwist von Coats Mez.

Frauenschuh-Orchidee

Foto Seite 14

Umfang der Stickerei

60 Kreuzchen hoch
30 Kreuzchen breit

Unsere Farbvorschläge

- · *Gelb (305)*
- ○ *Weinrot (20)*
- ● *Dunkelrot (897)*
- □ *Hellgrün (265)*
- V *Mittelgrün (266)*
- ■ *Dunkelgrün (268)*

***Steppstichlinien:* – – – –**
Weinrot (20; in der Blüte)

Die Nummern beziehen sich auf das in der Originalstickerei verwendete Garn: Anchor Sticktwist von Coats Mez.

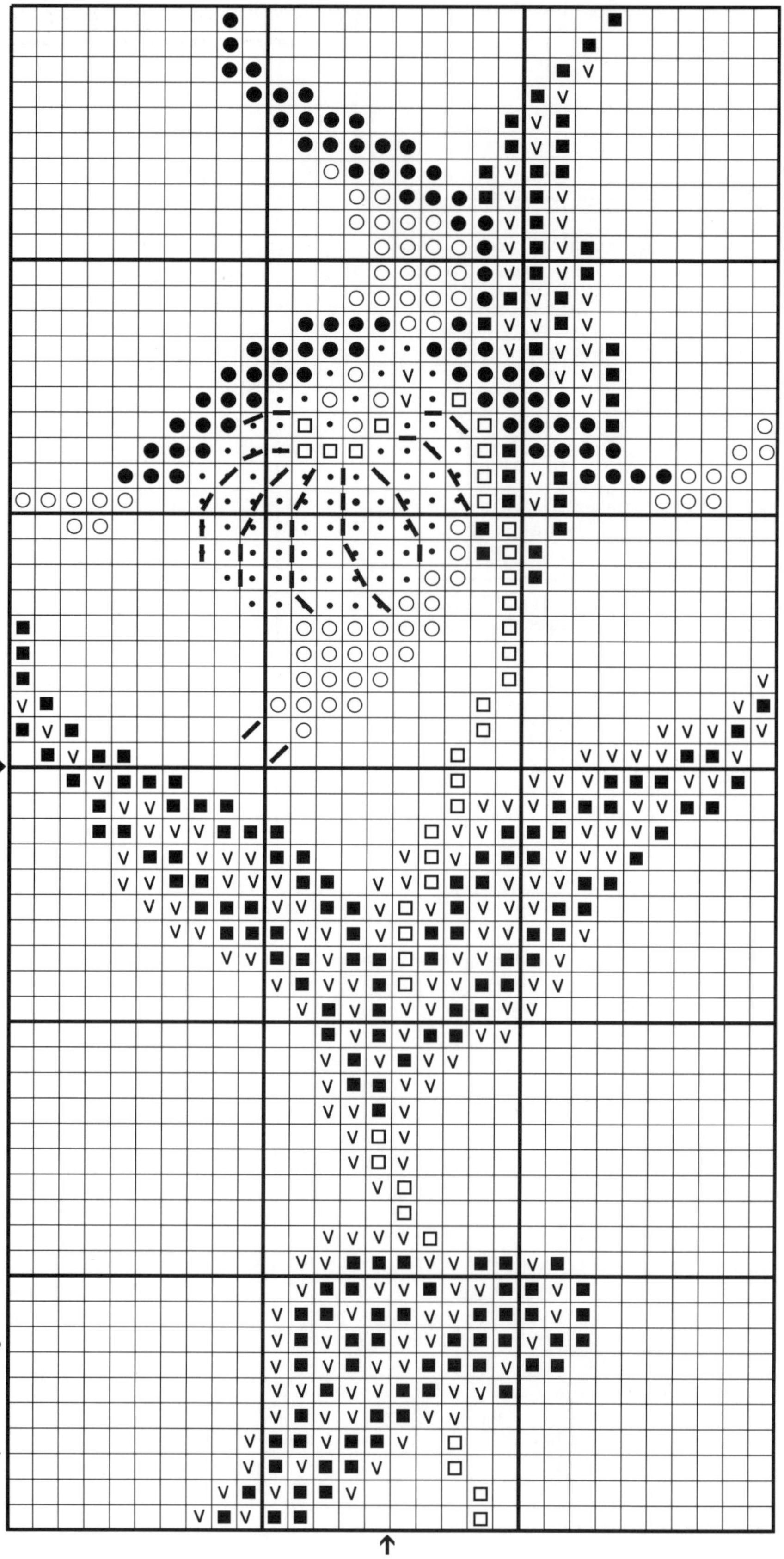

Entwurf: Eleonore Gross-Ekowski; Band-Nr. 1335 Kreuzstich

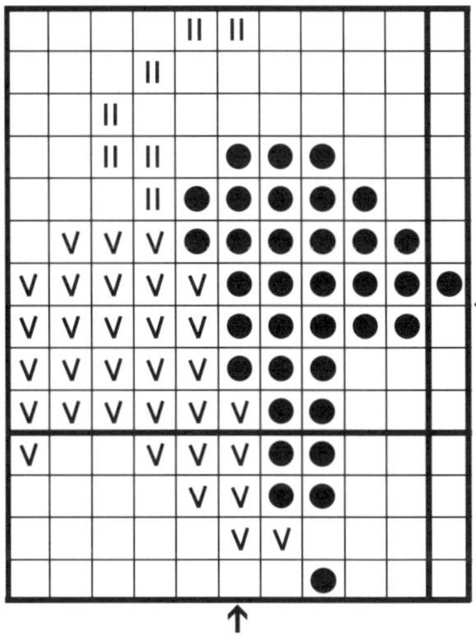
a

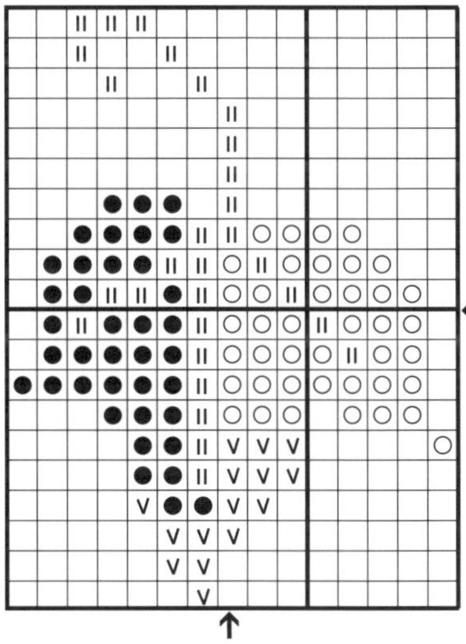
b

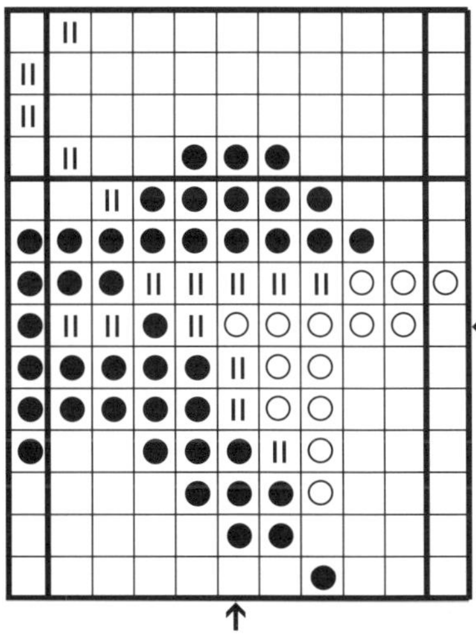
c

Efeu

Foto Seite 15

Umfang der Stickerei
Einzelblätter in der Reihenfolge a/b/c:
14/20/14 Kreuzchen hoch
11/15/11 Kreuzchen breit
Bordüre, d, beliebig verlängerbar:
67 Kreuzchen lang
15 Kreuzchen hoch

Unsere Farbvorschläge
II *Olivgrün*
○ *Mittelgrün*
● *Dunkelgrün*
V *Hellgrün*
Steppstichlinien: – – – –
beliebiger Grünton

Entwurf: Hanna Winter; Band-Nr. 1335 Kreuzstich

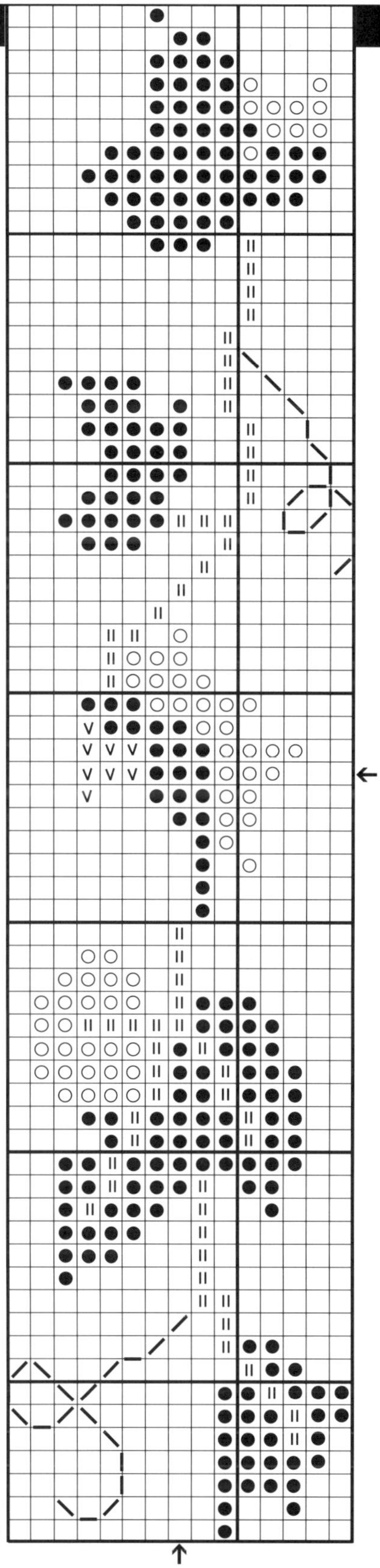
d

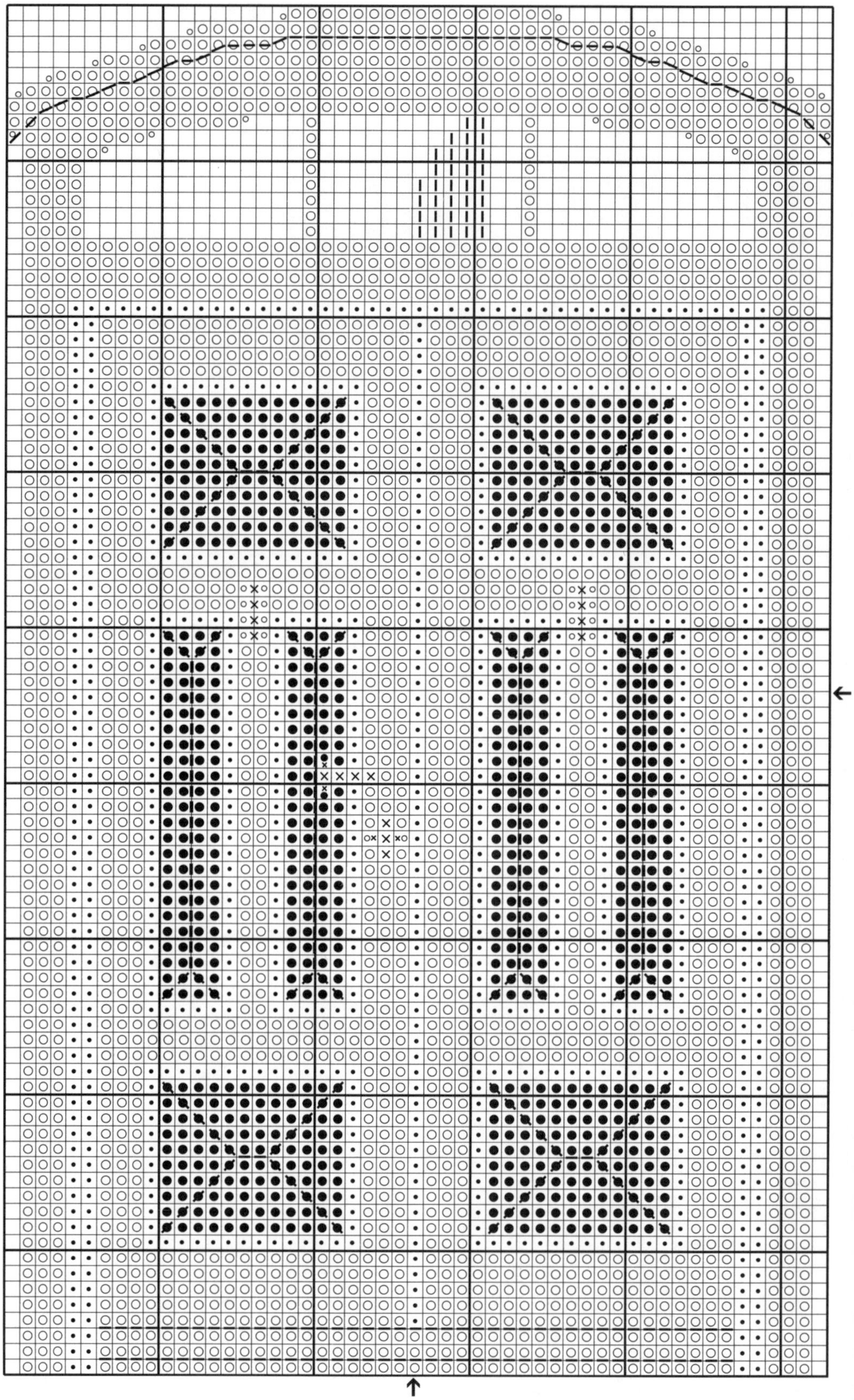

Foto Seite 16

Umfang der Stickerei
88 Kreuzchen hoch
53 Kreuzchen breit

Unsere Farbvorschläge
● *Dunkelgrün (238)*
X *Gold*
• *Weiß (600)*
○ *Mittelgrün (9)*
Die kleinen Symbole stehen für halbe oder dreiviertel Kreuzchen.

Steppstichlinien: – – – –
Schwarz (240; in den Türfüllungen)
Tiefgrün (210; oberer Bogen und Tür unten)
Grau (20; mit diesem Garn die oberen Fensterflächen komplett ausfüllen; im Zählmuster sind nur einige Linien angedeutet)

Die Nummern beziehen sich auf das in der Originalstickerei verwendete Garn: Dansk Blomstergarn von Haandarbejdets Fremme. Goldgarn: DMC.

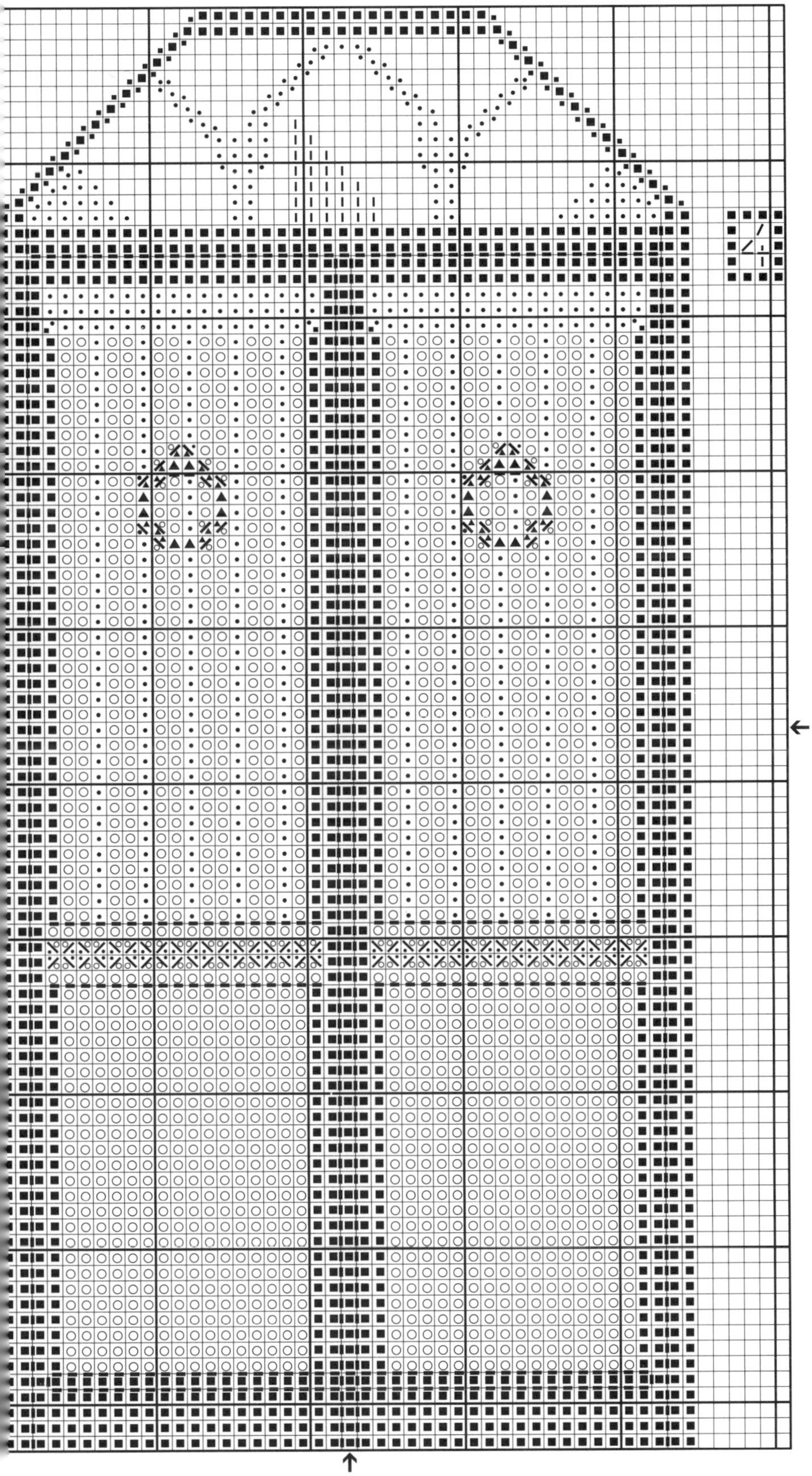

Blaue Tür

Foto Seite 18 links

Umfang der Stickerei
Mit Hausnummer:
93 Kreuzchen hoch
51 Kreuzchen breit

Unsere Farbvorschläge

123 ■ *Petrol (22)*
176 ○ *Hellblau (229)*
1 • *Weiß (600)*
127 ▲ *Dunkelblau (201)*

Die kleinen Symbole stehen für halbe oder dreiviertel Kreuzchen.

Steppstichlinien: – – – –
Mittelblau (228; Türfüllungen)
Dunkelblau (201; Hausnummer und Türklopfer)
Weiß (600; geschnitzte Leisten)
233 *Grau (20; mit diesem Garn die oberen Fensterflächen komplett ausfüllen, im Zählmuster sind einige Linien angedeutet)*

Der untere Pfeil gibt die Mitte an, ohne die Hausnummer zu berücksichtigen. Die Nummern beziehen sich auf das in der Originalstickerei verwendete Garn: Dansk Blomstergarn von Haandarbejdets Fremme.

Blaue Tür

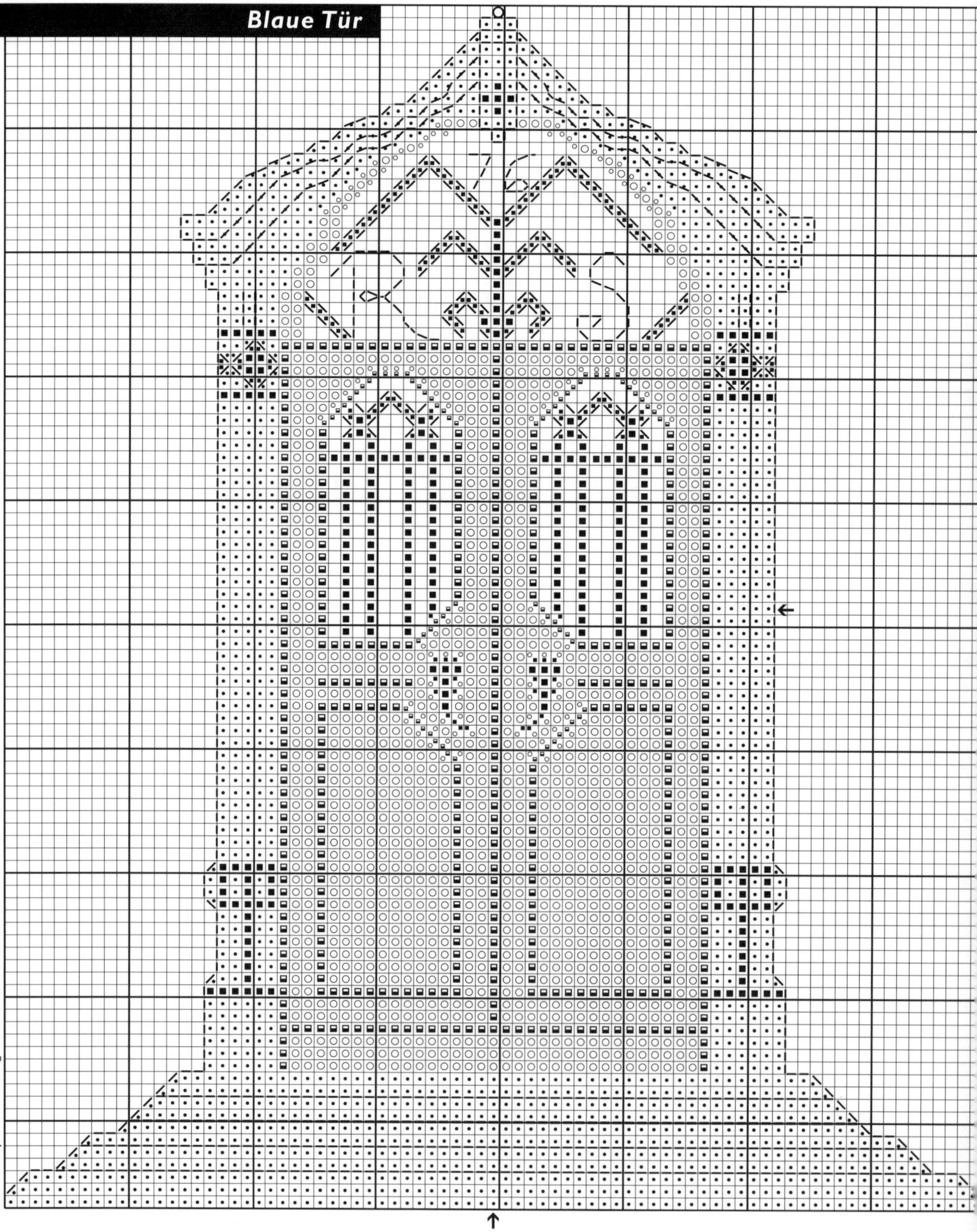

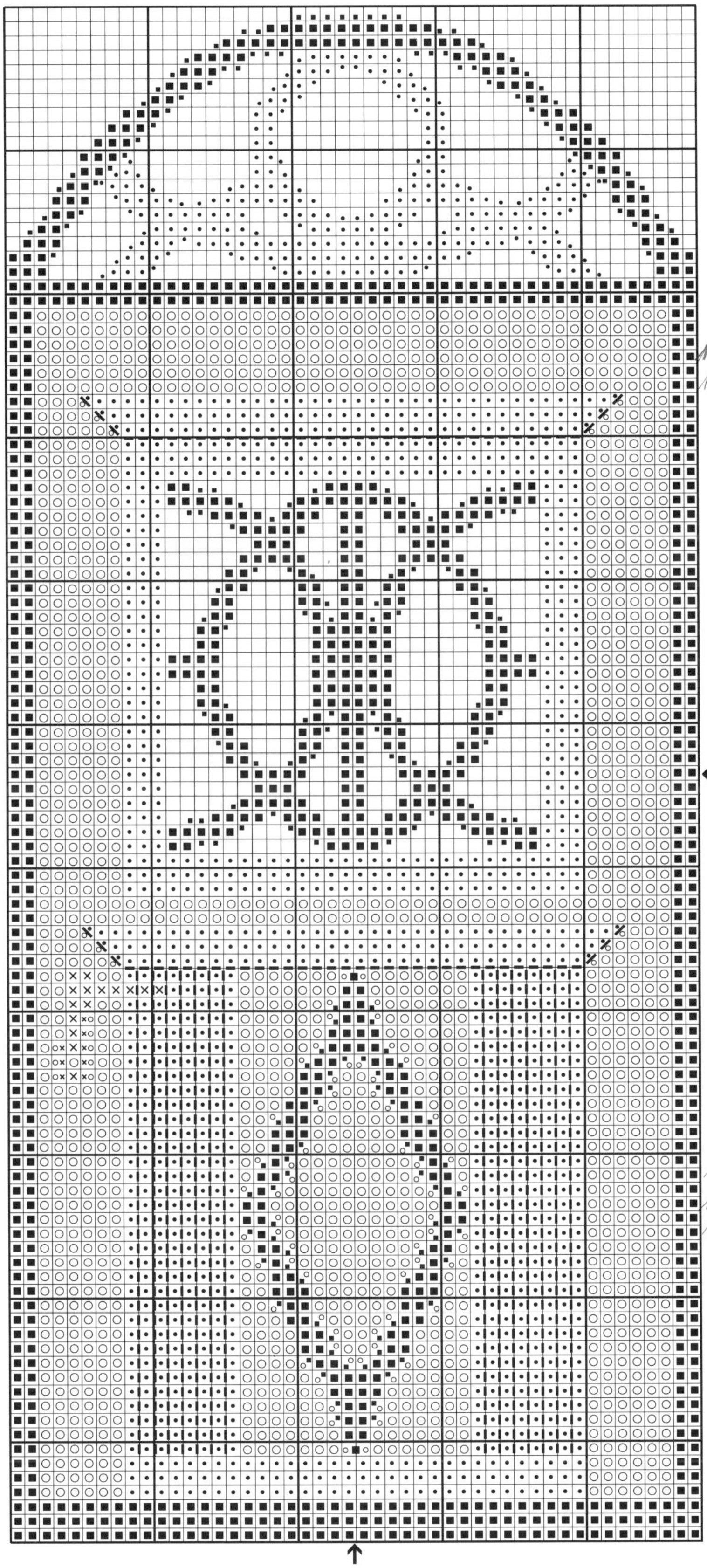

Blaue Tür

Foto Seite 18

Umfang der Stickerei
107 Kreuzchen hoch
48 Kreuzchen breit

Unsere Farbvorschläge
• *Weiß (200)*
○ *Taubenblau (227)*
■ *Dunkelblau (202)*
X *Gold*
Die kleinen Symbole stehen für halbe oder dreiviertel Kreuzchen.
Steppstichlinien: – – – –
Dunkelblau (202; für alle feinen Linien)

Die Nummern beziehen sich auf das in der Originalstickerei verwendete Garn: Dansk Blomstergarn von Haandarbejdets Fremme. Gold: DMC.

Foto Seite 19 oben
(Zählmuster Seite 62)

Umfang der Stickerei
97 Kreuzchen hoch
79 Kreuzchen breit

Unsere Farbvorschläge
• *Weiß (600)*
▬ *Hellblau (229)*
○ *Taubenblau (227)*
■ *Dunkelblau (201)*
Die kleinen Symbole stehen für halbe oder dreiviertel Kreuzchen.
Steppstichlinien: – – – –
Dunkelblau (201; für alle feinen Linien)

Die Nummern beziehen sich auf das in der Originalstickerei verwendete Garn: Dansk Blomstergarn von Haandarbejdets Fremme.

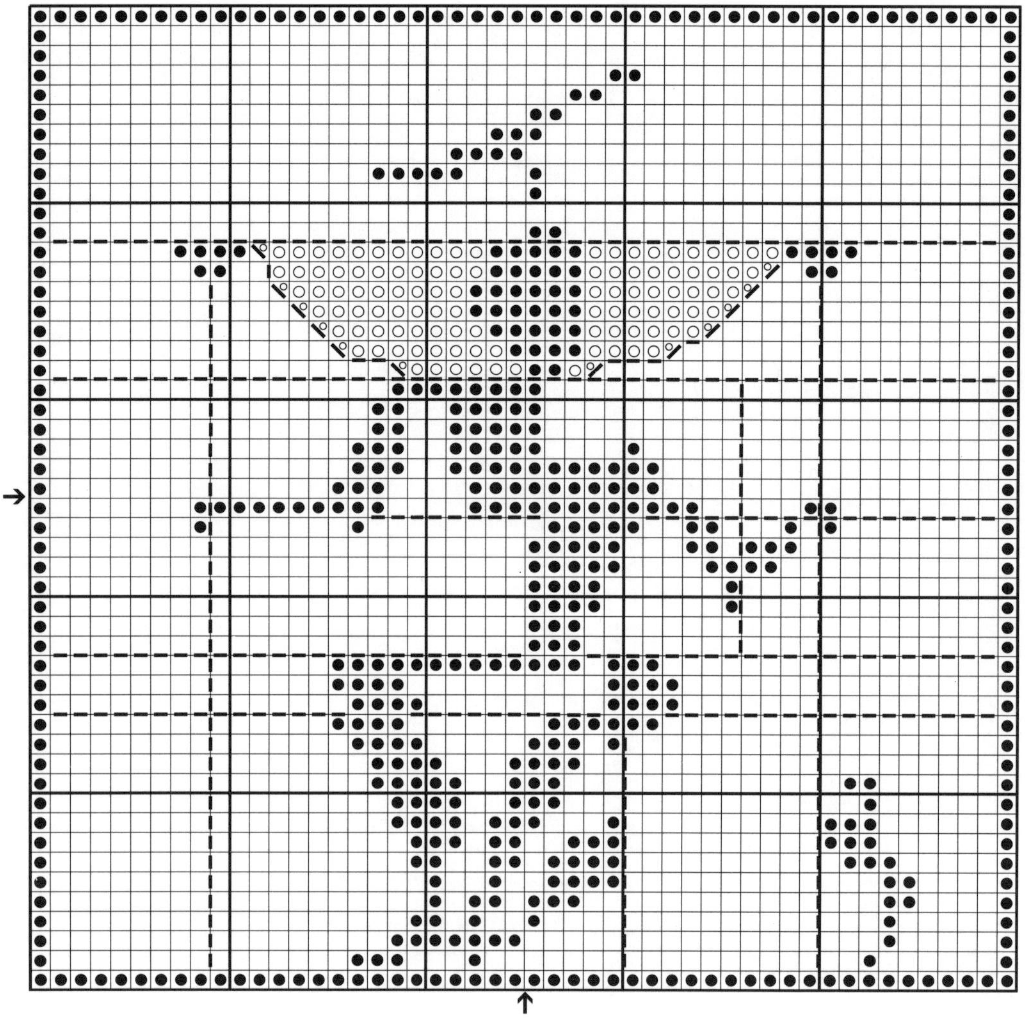

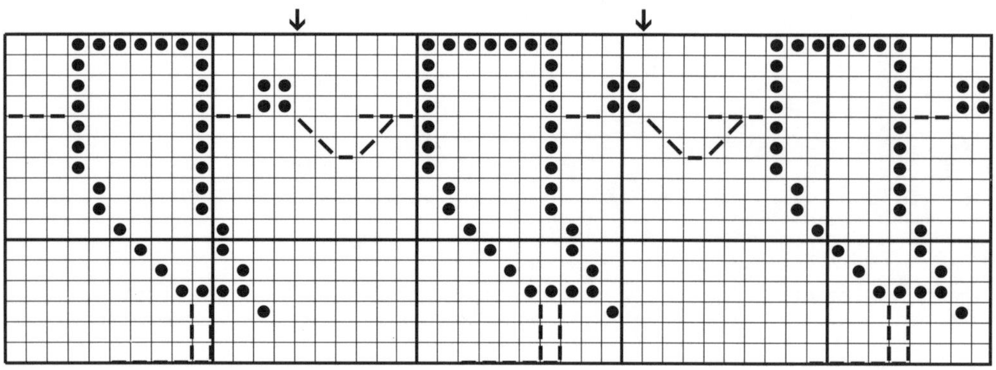

Foto Seite 26/27

Umfang der Stickerei

Ein Figurenquadrat:

50 Kreuzchen hoch

50 Kreuzchen breit

Vogelbordüre:

16 Kreuzchen hoch

17 Kreuzchen Rapportlänge (von Pfeil zu Pfeil)

Unsere Farbvorschläge

○ *Gelb (46)*

● *Blau (202)*

Steppstichlinien: – – – –

Gelb (46) oder Blau (202), jeweils zum Hauptmotiv passend

Als Zählmuster ist die Figur nur einmal abgebildet. Für die entgegengesetzte Farbkombination werden die beteiligten Farben einfach ausgetauscht. Die Nummern beziehen sich auf das in der Originalstickerei verwendete Garn: Dansk Blomstergarn von Haandarbejdets Fremme.

Entwurf: Ilse Stockmann-Sauer; Band-Nr. 1335 Kreuzstich

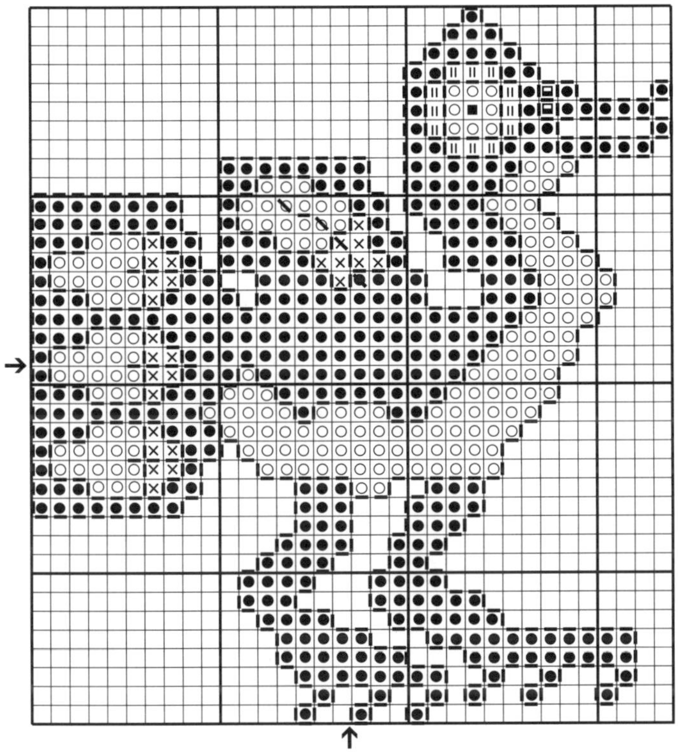

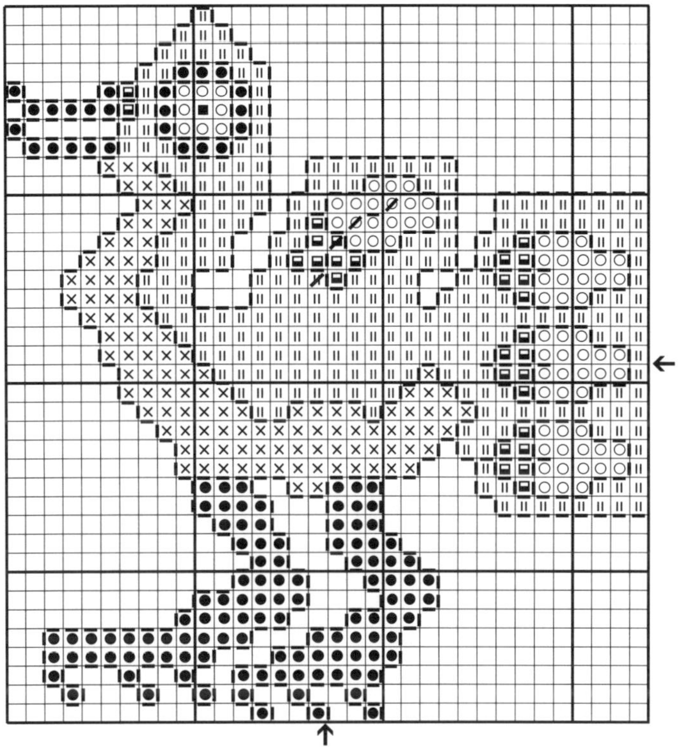

Foto Seite 28

Umfang der Stickerei

Ein Vogel:

38 Kreuzchen hoch

34 Kreuzchen breit

Unsere Farbvorschläge

● *Kupfer (503)*

⬓ *Rotbraun (411)*

X *Türkis (510)*

■ *Schwarz (240)*

II *Hellbraun (250)*

○ *Gelb (16)*

Steppstichlinien: **– – – –**

Schwarz (240; Umrisse um alle Farbflächen)

Die Zählmuster geben von dem gesamten Bild den ersten und vierten Vogel wieder. Die Nummern beziehen sich auf das in der Originalstickerei verwendete Garn: Dansk Blomstergarn von Haandarbejdets Fremme.

Entwurf: Ilse Stockmann-Sauer; Band-Nr. 1335 Kreuzstich

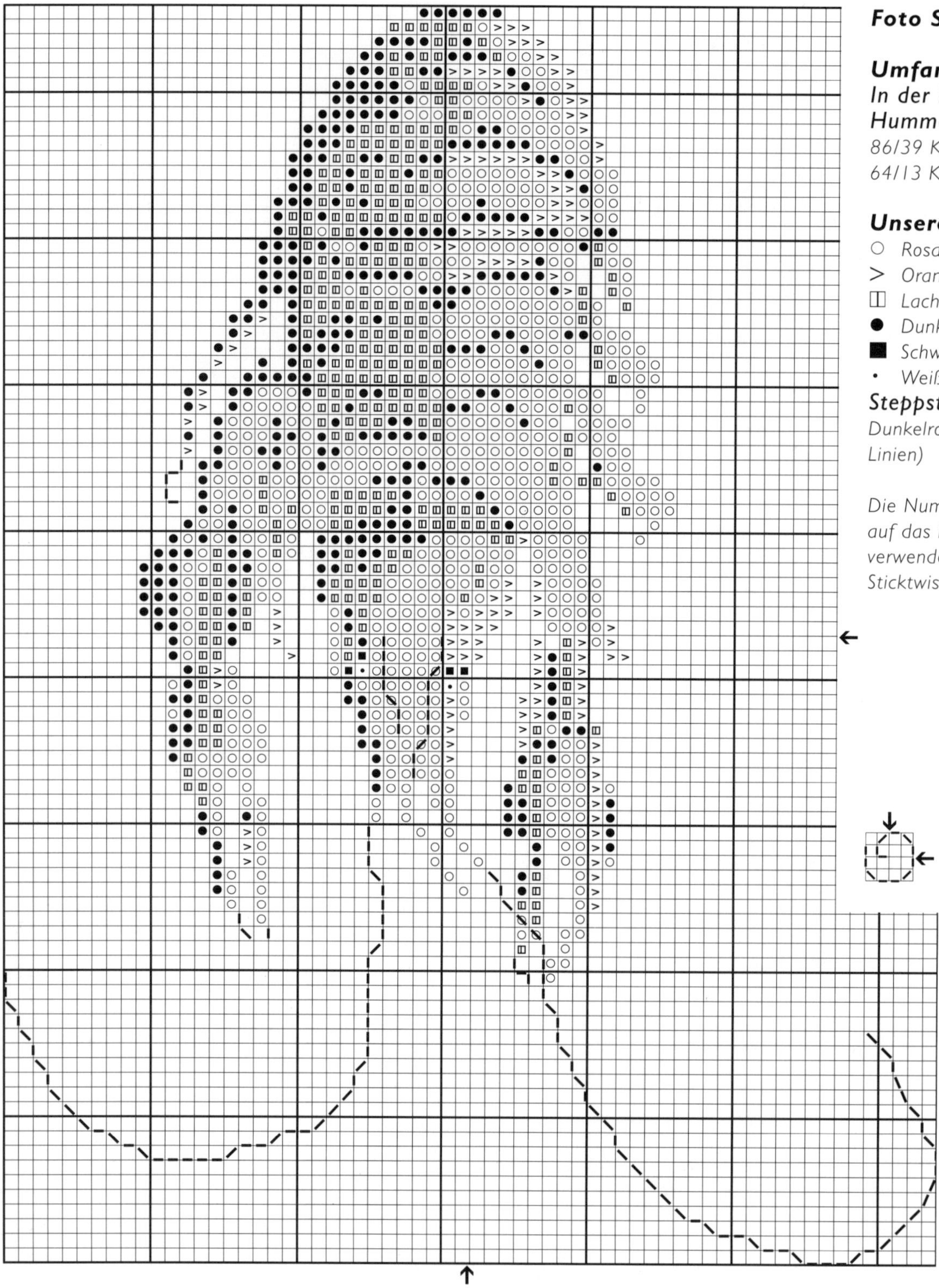

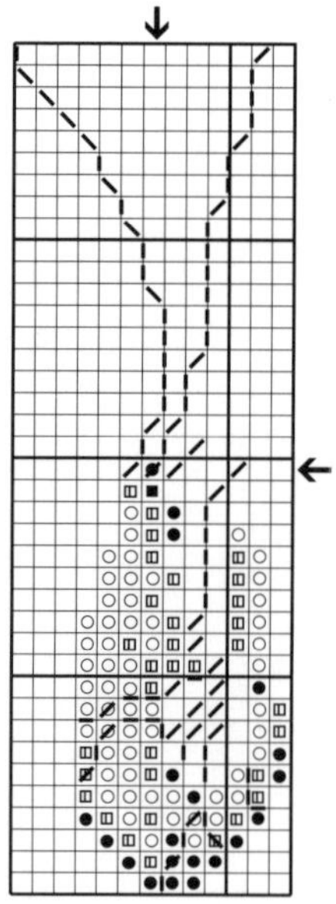

Foto Seite 32/33

Umfang der Stickerei

In der Reihenfolge Hummer/Garnele:

86/39 Kreuzchen hoch

64/13 Kreuzchen breit

Unsere Farbvorschläge

- ○ *Rosa (8)*
- > *Orange (324)*
- ◫ *Lachsrot (333)*
- ● *Dunkelrot (47)*
- ■ *Schwarz (403)*
- • *Weiß (2)*

Steppstichlinien: – – – –

Dunkelrot (47; alle feinen Linien)

Die Nummern beziehen sich auf das in der Originalstickerei verwendete Garn: Anchor Sticktwist von Coats Mez.

Entwurf: Ilse Stockmann-Sauer; Band-Nr. 1335 Kreuzstich

Fotos Seite 38/39

Umfang der Stickerei

In der Reihenfolge Elefant mit Reiter/Elefant mit Palme:

41/89 Kreuzchen hoch

36/99 Kreuzchen breit

Unsere Farbvorschläge

Feststehende Symbole sind:

- □ *Orangegelb (Hautton)*
- ■ *Mittelbraun (Baumstamm)*
- ⊟ *Dunkelbraun (Kokosnuß)*
- X *Dunkelgrün (Palmblätter)*
- V *Hellgrün (Standlinie)*
- ○ *Grau (Elefant)*
- ● *Schwarz (Elefantenohr und -auge)*

Steppstichlinien: **– – – –**

Schwarz (Leine)

Allen anderen 10 Symbolen können Sie nach Belieben bunte Farben zuordnen:

= ▲ ✳ ⬓ ǁ ⊖ • / ◣ △

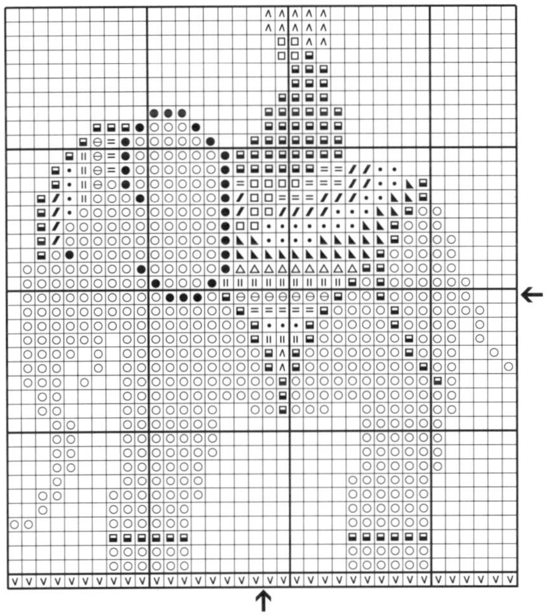

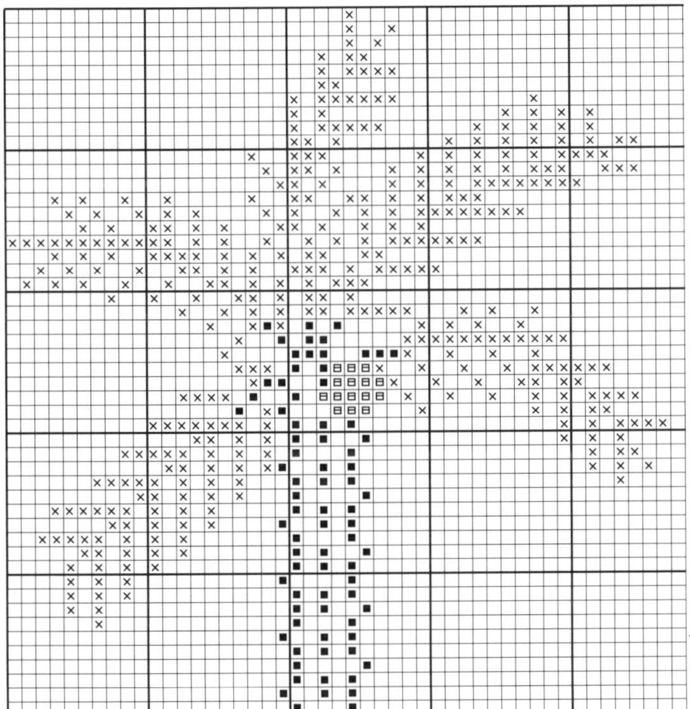

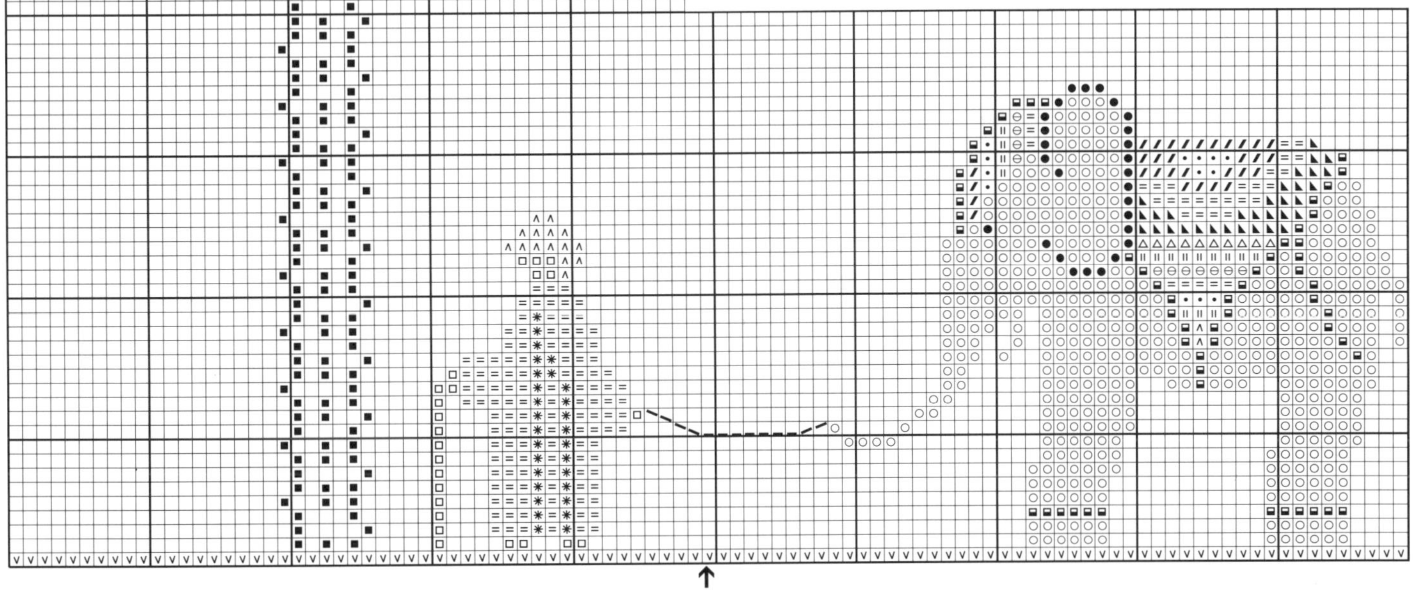

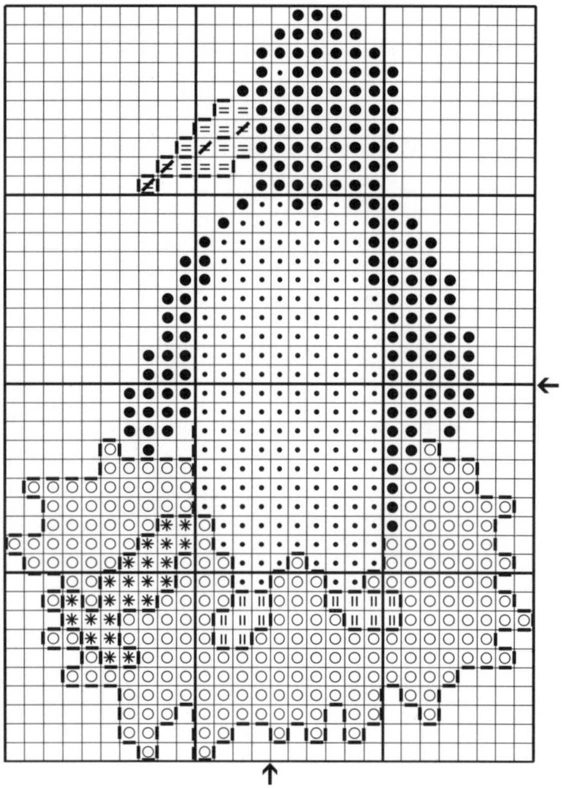

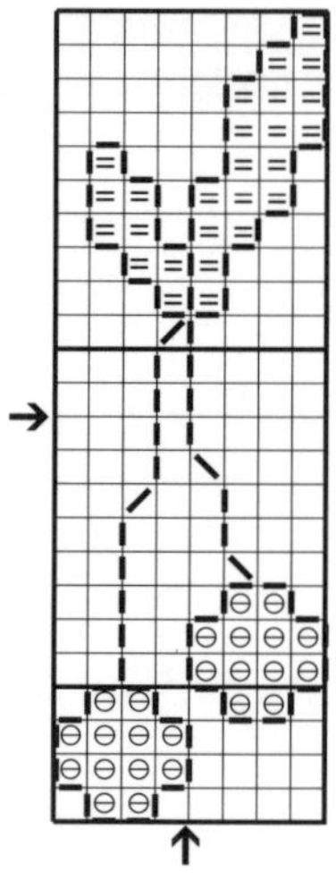

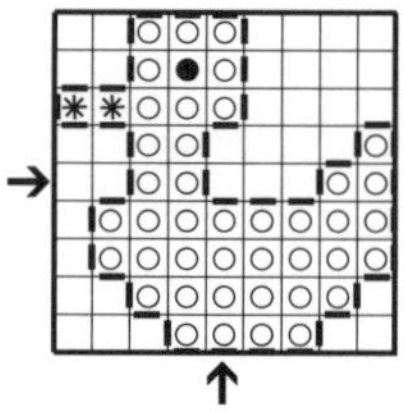

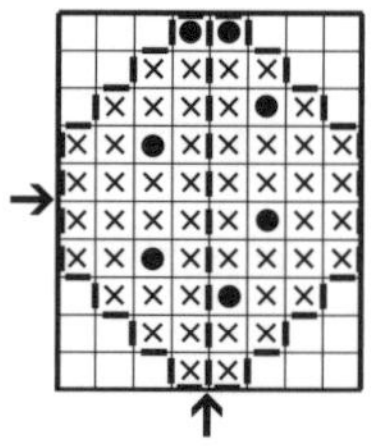

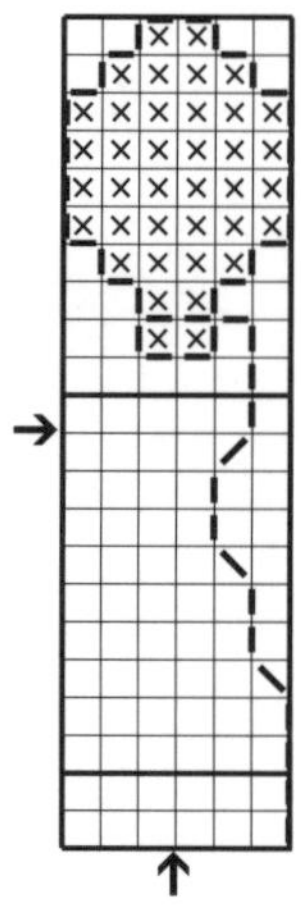

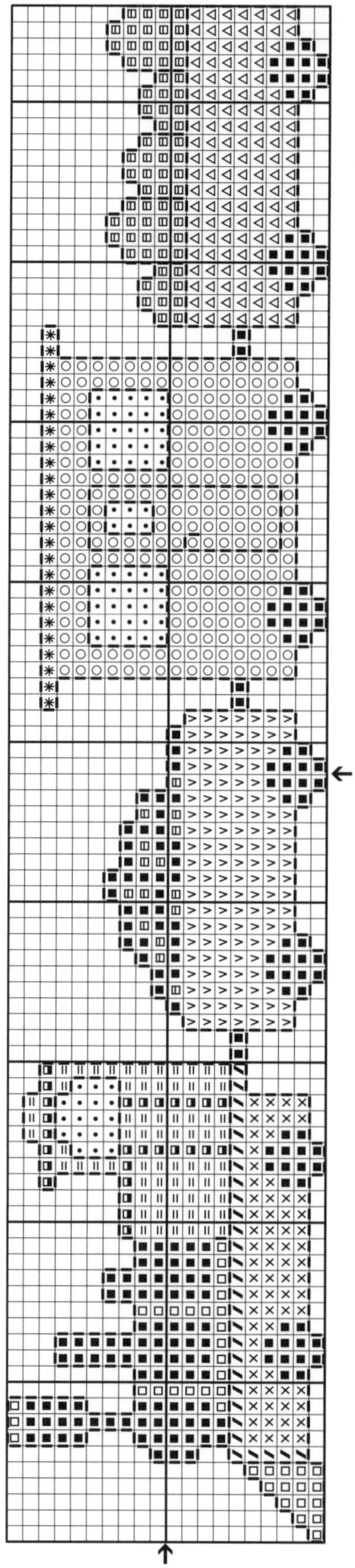

Foto Seite 40/41

Umfang der Stickerei
In der Reihenfolge Pinguin/Eisenbahn/kleine Motive:
40/20/max. 24 Kreuzchen hoch
28/96/max. 9 Kreuzchen breit

Unsere Farbvorschläge
Eisenbahn:
- X *Tiefrot (47)*
- / *Kirschrot (70)*
- △ *Fuchsia (78)*
- ∗ *Blau (149)*
- ○ *Türkis (185)*
- = *Lindgrün (208)*
- ⊟ *Dunkelgrau (235)*
- □ *Hellgrau (399)*
- ■ *Schwarz (403)*
- V *Karamel (883)*
- ▄ *Dunkelgrün (923)*
- • *Weiß (1)*

Pinguin:
- • *Weiß (1)*
- ● *Schwarz (403)*
- ∗ *Königsblau (139)*
- ○ *Türkis (185)*
- = *Hellgelb (290)*
- II *Orange (316)*

Kleine Motive:
- = *Grün (245)*
- ○ *Gelb (302)*
- ● *Schwarz (403)*
- ∗ *Orange (316)*
- X *Leuchtendrot (46)*
- ⊖ *Kirschrot (70)*

Steppstichlinien: – – – –
Schwarz (403; Konturen, bei allen Motiven)

Die Nummern beziehen sich auf das in der Originalstickerei verwendete Garn: Anchor Sticktwist von Coats Mez.

Foto Seite 42

Umfang der Stickerei

76 Kreuzchen hoch
51 Kreuzchen breit

Unsere Farbvorschläge

- ⊟ *Orangerot (35)*
- ▄ *Dunkelrot (47)*
- ✳ *Gold (363)*
- = *Gelb (290)*
- ▲ *Grau (235)*
- ■ *Schwarz (403)*
- ● *Dunkelgrün (187)*
- X *Lila (870)*
- • *Hellrosa (1011)*
- ○ *Hellgrün (253)*

Steppstichlinien: – – – –
Schwarz (403; für alle feinen Linien)

Die Nummern beziehen sich auf das in der Originalstickerei verwendete Garn: Anchor Sticktwist von Coats Mez.

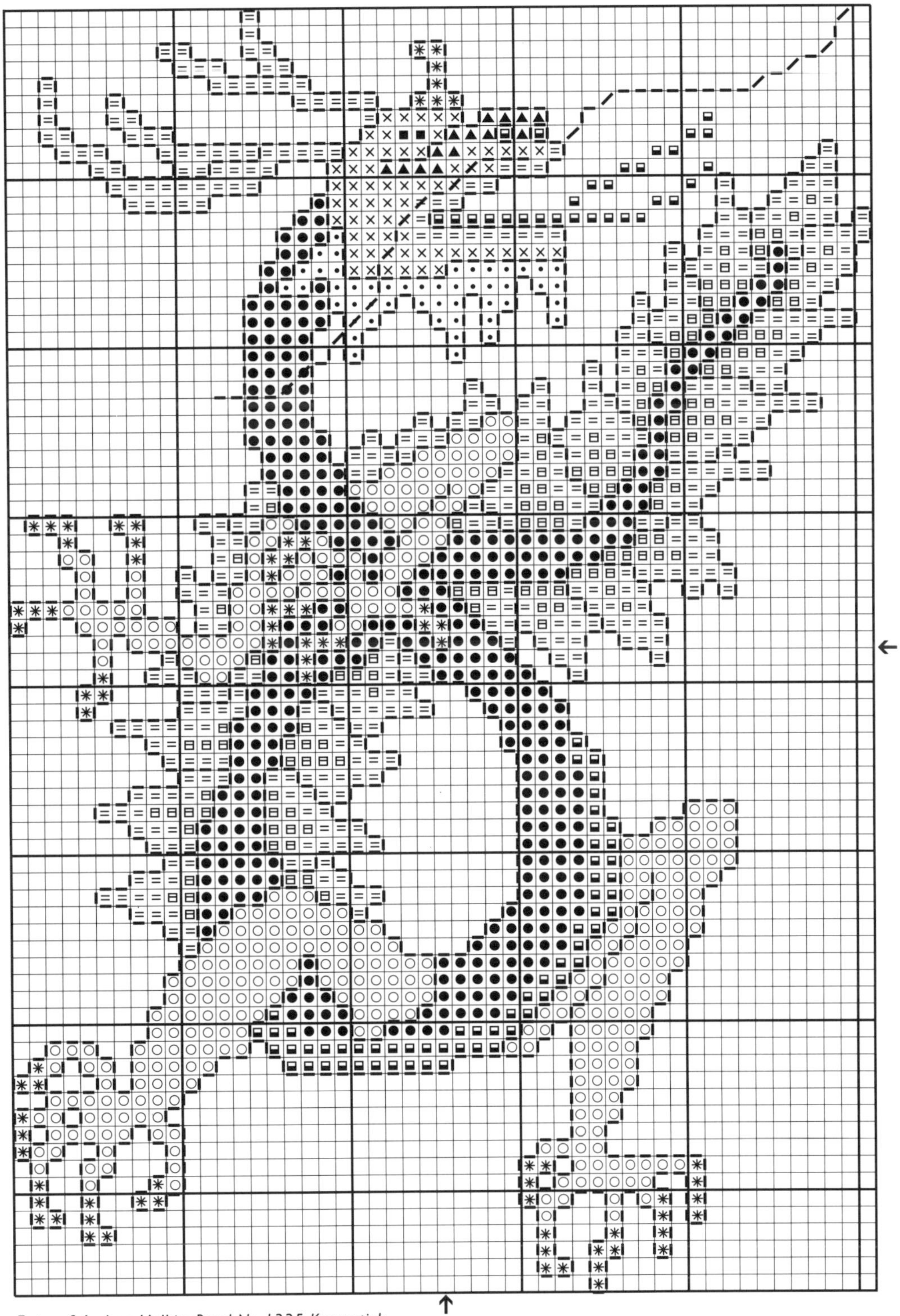

Entwurf: Andrea Helbig; Band-Nr. 1335 Kreuzstich

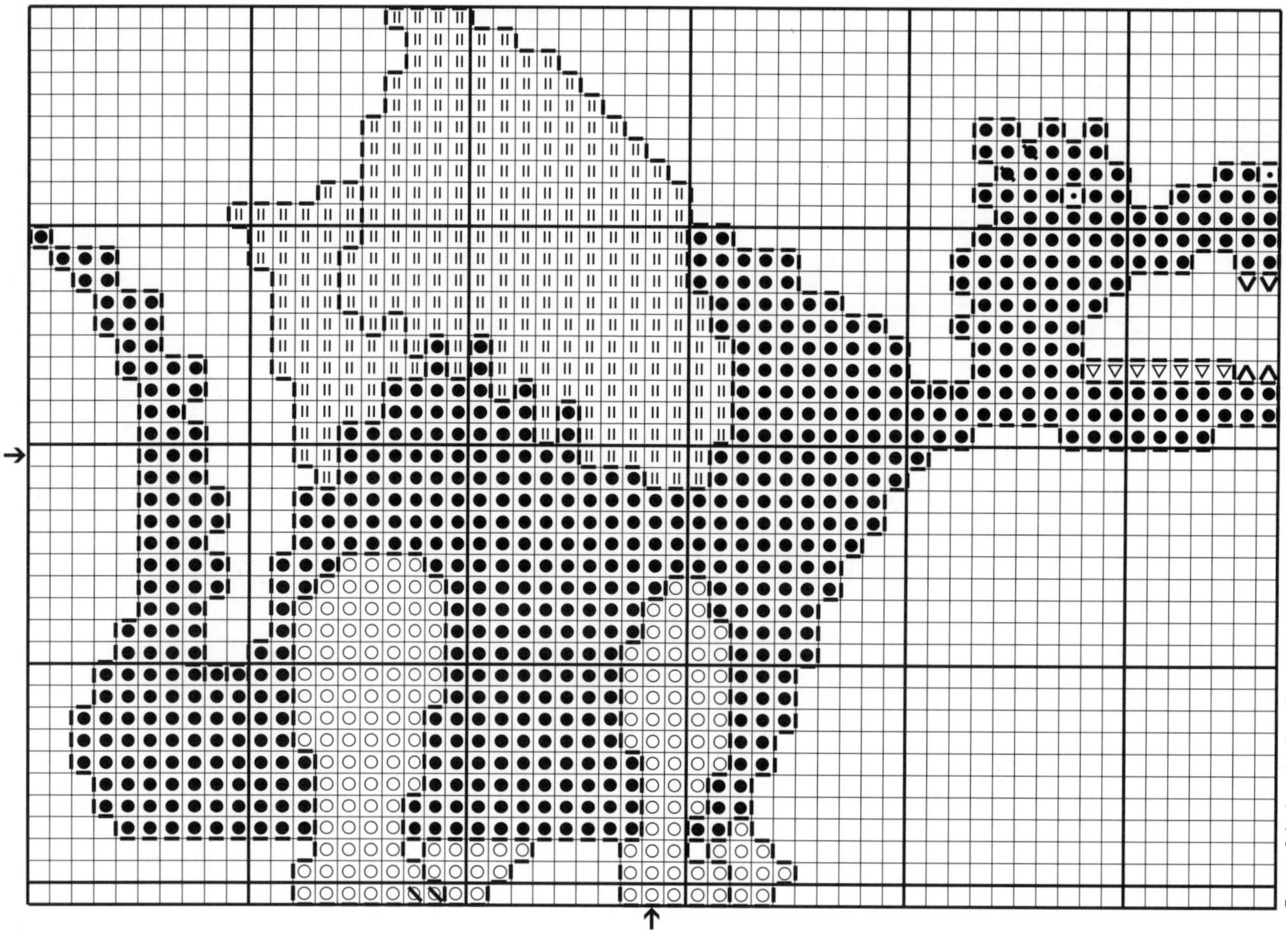

Entwurf: Andrea Helbig; Band-Nr. 1335 Kreuzstich

Kleiner Drache

Foto Seite 44

Umfang der Stickerei

41 Kreuzchen hoch
57 Kreuzchen breit

Unsere Farbvorschläge

▽ *Rot (46)*
○ *Rosa (50)*
● *Grün (242)*
II *Gelb (290)*
• *Schwarz (403)*

Steppstichlinien: – – – –
Schwarz (403; für alle Konturen)

Die Nummern beziehen sich auf das in der Originalstickerei verwendete Garn: Anchor Sticktwist von Coats Mez.

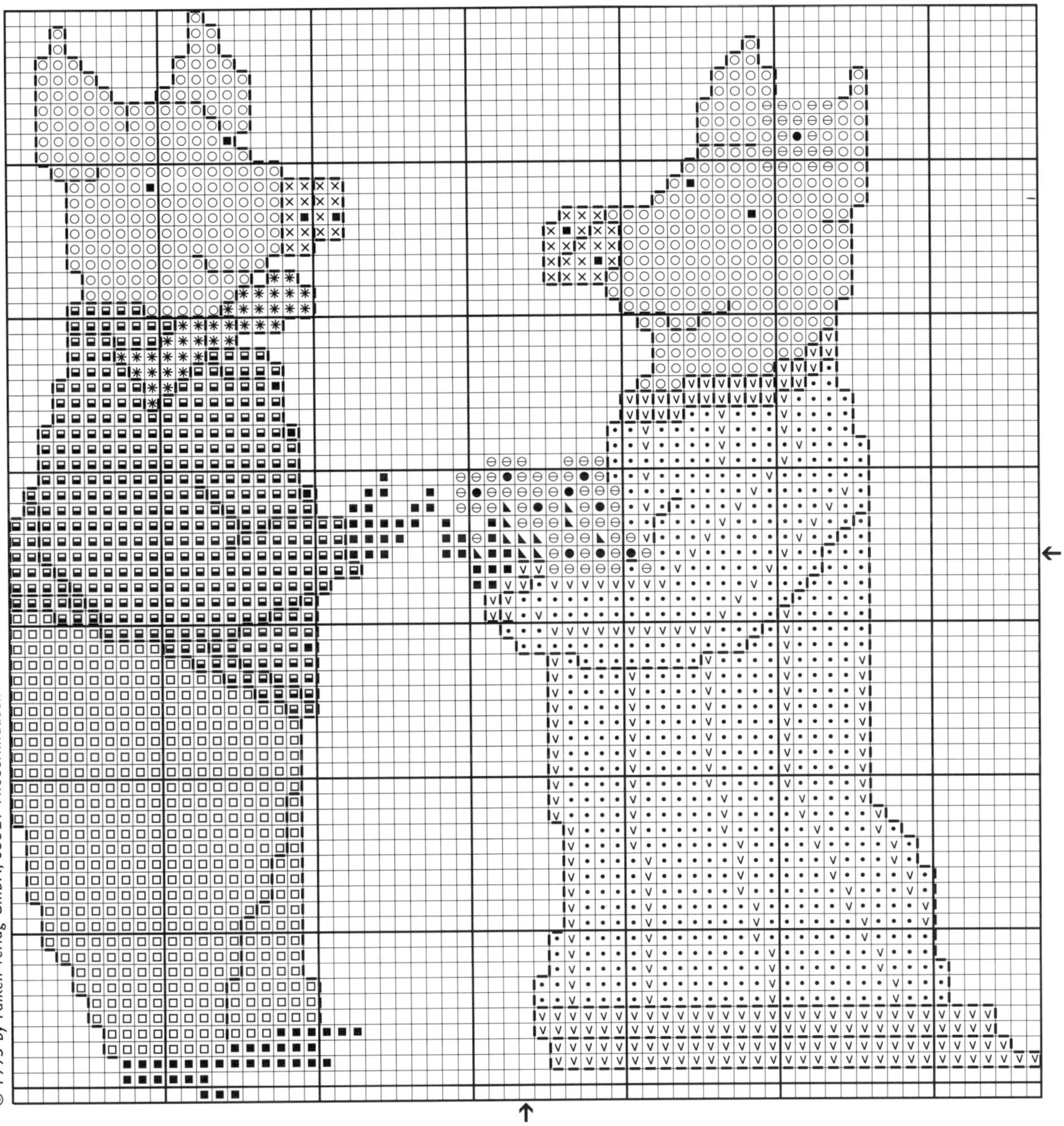

Entwurf: Gabriele Jepsen; Band-Nr. 1335 Kreuzstich

Hochzeit

Foto Seite 45

Umfang der Stickerei

71 Kreuzchen hoch
67 Kreuzchen breit

Unsere Farbvorschläge

- ○ *Schweinchenrosa (8)*
- V *Hellgelb (300)*
- ◣ *Grün (187)*
- □ *Hellgrau (397)*
- ▄ *Mittelgrau (399)*
- • *Weiß (1)*
- ⊖ *Dunkelrosa (38)*
- ● *Blau (977)*
- X *Pink (75)*
- ■ *Schwarz (403)*
- ✳ *Fuchsia (78)*

Steppstichlinien: – – – –
Fuchsia (78; Linien im Kleid)
Schwarz (403; alle übrigen feinen Linien)

Die Nummern beziehen sich auf das in der Original-stickerei verwendete Garn: Anchor Sticktwist von Coats Mez.

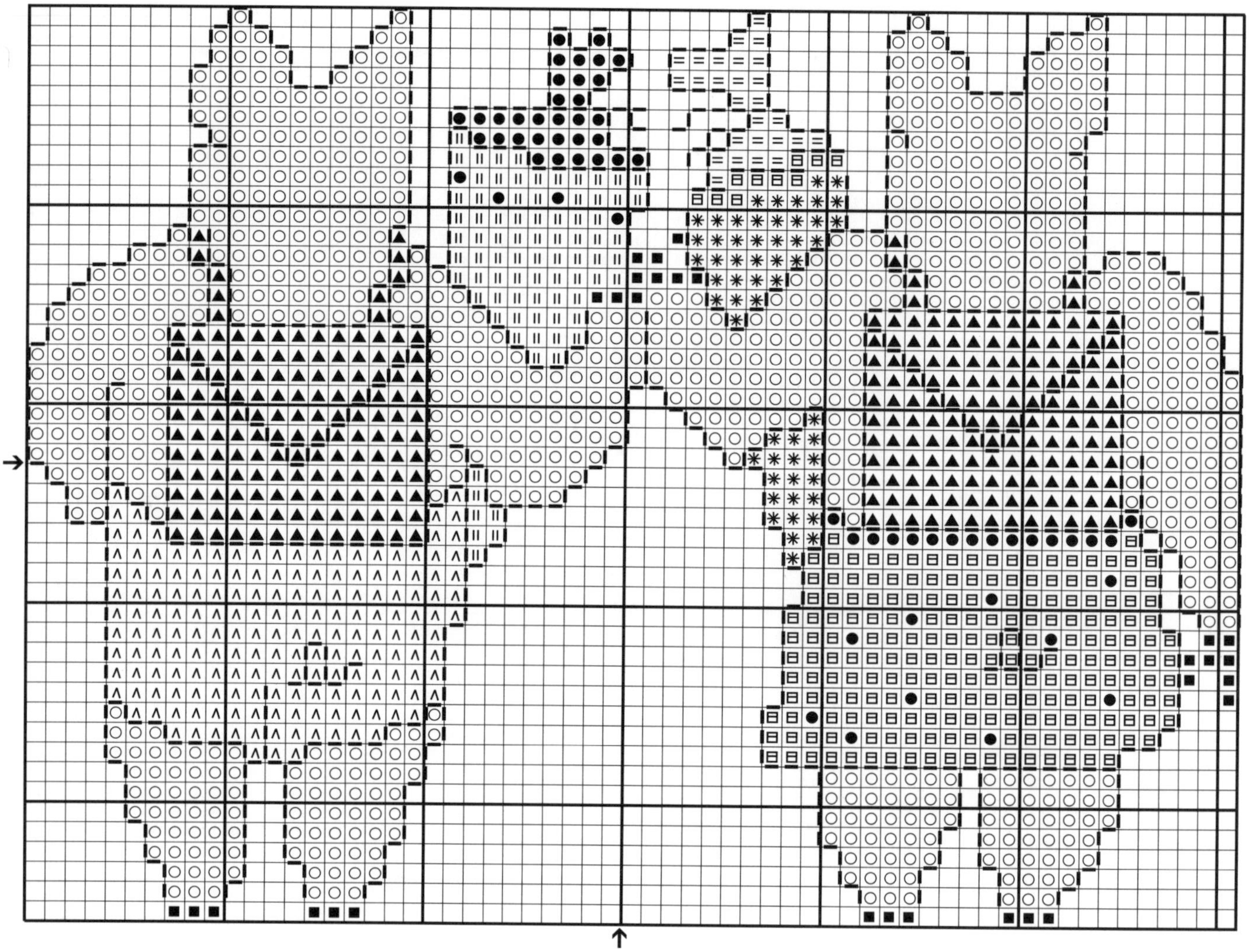

Einschulung

Foto Seite 45

Umfang der Stickerei

46 Kreuzchen hoch
61 Kreuzchen breit

Unsere Farbvorschläge

- ■ *Schwarz (403)*
- ⊟ *Dunkelrosa (76)*
- ▲ *Mittelgrau (399)*
- ● *Grün (187)*
- Λ *Blau (168)*
- ✳ *Flieder (109)*
- II *Mittelgelb (290)*
- = *Hellgelb (300)*
- ○ *Schweinchenrosa (8)*

Steppstichlinien: – – – –
Dunkelrosa (76; Konturen der gelben Schultüte)
Blau (168; Kontur der lila Schultüte)
Schwarz (403; alle übrigen feinen Linien)

Die Nummern beziehen sich auf das in der Originalstickerei verwendete Garn: Anchor Sticktwist von Coats Mez.

Entwurf: Gabriele Jepsen; Band-Nr. 1335 Kreuzstich

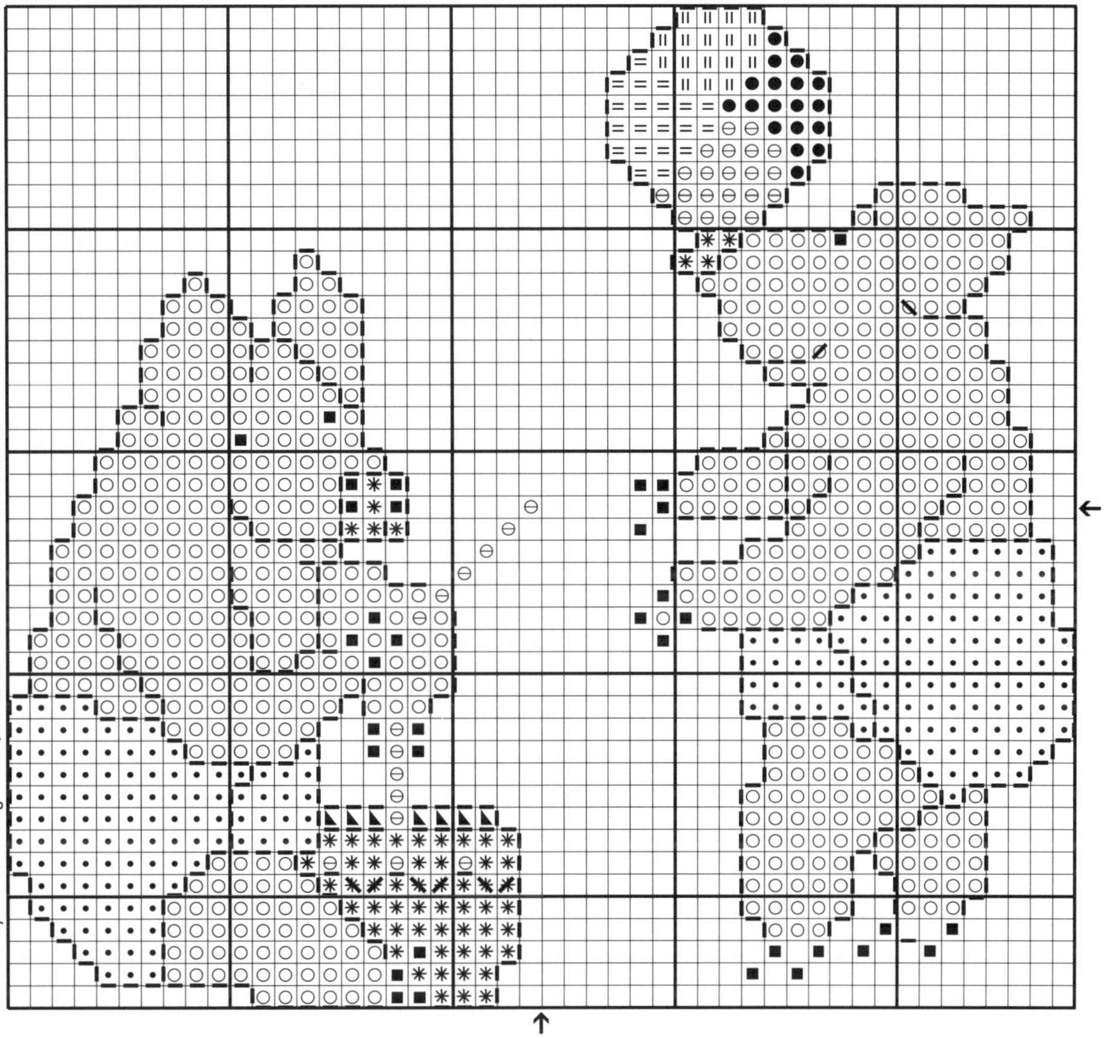

Entwurf: Gabriele Jepsen; Band-Nr. 1335 Kreuzstich

Wickelkinder

Foto Seite 45

Umfang der Stickerei

45 Kreuzchen hoch
48 Kreuzchen breit

Unsere Farbvorschläge

- ○ *Schweinchenrosa (8)*
- • *Weiß (1)*
- ✳ *Pink (75)*
- ⊖ *Türkis (169)*
- = *Mittelgelb (290)*
- ◣ *Hellgelb (300)*
- ● *Grün (187)*
- ‖ *Fuchsia (78)*
- ■ *Schwarz (403)*

Steppstichlinien: – – – –

Türkis (169; Trommel und linke Hose)
Grün (187; Ball)
Fuchsia (78; rechte Hose)
Schwarz (403; alle übrigen Konturen)

Die Nummern beziehen sich auf das in der Originalstickerei verwendete Garn: Anchor Sticktwist von Coats Mez.

Foto Seite 46

Umfang der Stickerei

In der Reihenfolge Bordüre a/b:

11/27 Kreuzchen hoch
22/40 Kreuzchen Rapportlänge
(von Pfeil zu Pfeil)

Unsere Farbvorschläge

Bordüre a:

● *Schwarz (403)*

Die übrigen Symbole stehen hier für 5 oder mehr bunte Farben nach Wahl, mit denen die Quadratflächen ausgestickt werden:

○ II X = ▄

Bordüre b:

= *Gelb (291)*
V *Hellbraun (890)*
X *Dunkelbraun (358)*
II *Rot (333)*
▄ *Grün (225)*
○ *Blau (131)*
● *Schwarz (403)*

Die Nummern beziehen sich auf das in der Originalstickerei verwendete Garn: Anchor Sticktwist von Coats Mez.

a

b

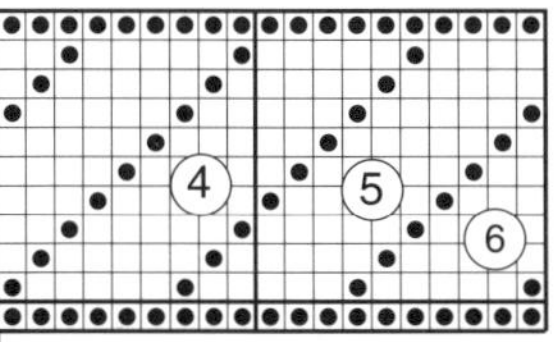

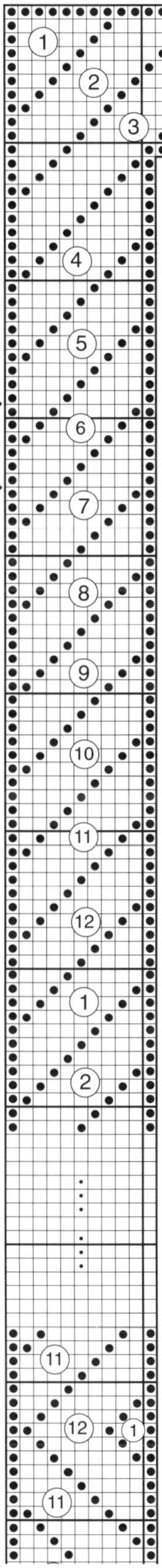

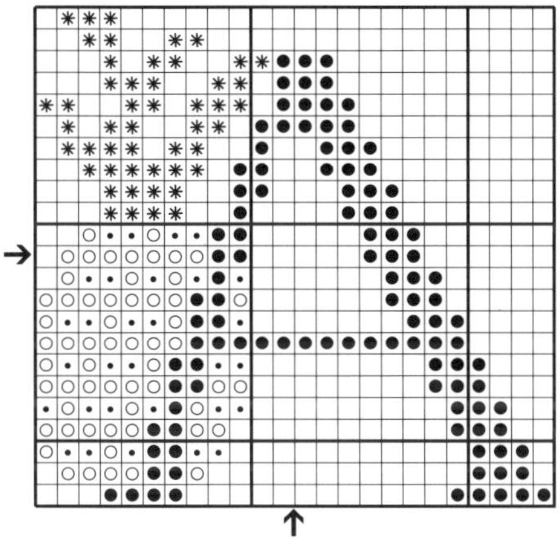

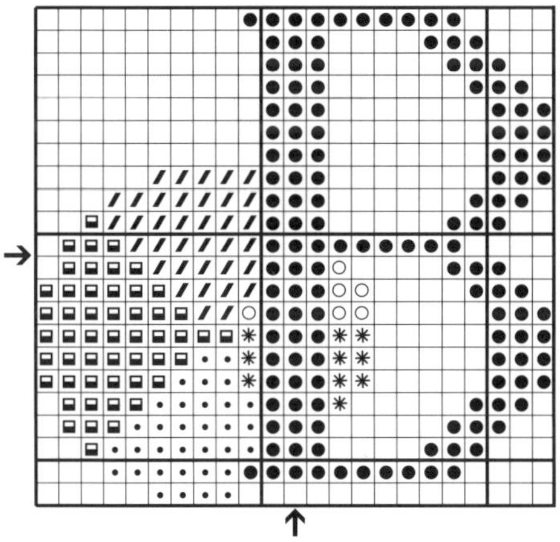

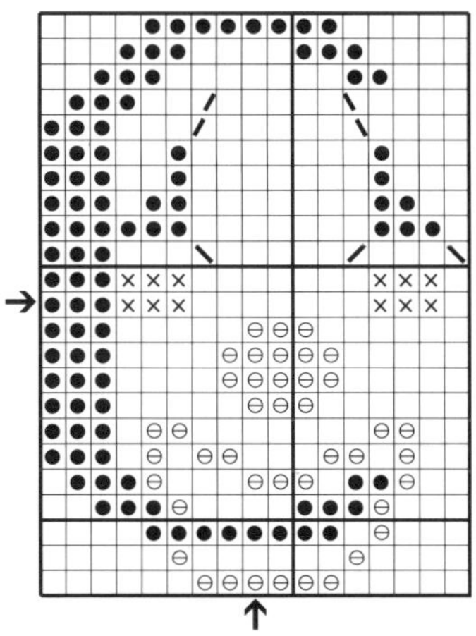

Entwurf: Inge Wolff: Band-Nr. 1335 Kreuzstich

Alphabet mit Bordüre

Foto Seite 47

Umfang der Stickerei
Bordüre:
11 Kreuzchen hoch
12 Kreuzchen Rapportlänge (von Pfeil zu Pfeil, Bordüre beliebig verlängerbar)
Buchstabe A: *23 x 24 Kreuzchen*
Buchstabe B: *22 x 23 Kreuzchen*
Buchstabe C: *23 x 17 Kreuzchen*

Unsere Farbvorschläge
Bordüre:
● *Schwarz (403)*
Ohne Symbole:
1 *Gelb (291)*
2 *Dunkelblau (133)*
3 *Mittelblau (131)*
4 *Hellblau (129)*
5 *Weinrot (22)*
6 *Erdbeerrot (19)*
7 *Lachsrot (35)*
8 *Dunkelbraun (358)*
9 *Hellbraun (1046)*
10 *Dunkelgrün (245)*
11 *Hellgrün (225)*
12 *Knallrot (46)*

Mit genau dieser Farbfolge die schwarz umrandeten Felder ausfüllen. Dabei für die senkrechten Rahmenstreifen alle Farben je dreimal wiederholen, in der Mitte spiegeln und umgekehrt fortfahren.
Für die waagerechten Rahmenstreifen diese Folge je zweimal wiederholen, ebenfalls in der Mitte spiegeln und umgekehrt fortfahren.

Buchstaben A/B/C:
● *Schwarz (403)*
○ *Hellbraun (1046)*
✳ *Hellgrün (225)*
• *Gelb (291)*
▄ *Mittelblau (131)*
/ *Lachsrot (35)*
⊖ *Knallrot (46)*
X *Dunkelblau (133)*

Die Nummern für das gesamte Alphabet beziehen sich auf das in der Originalstickerei verwendete Garn: Anchor Sticktwist von Coats Mez.

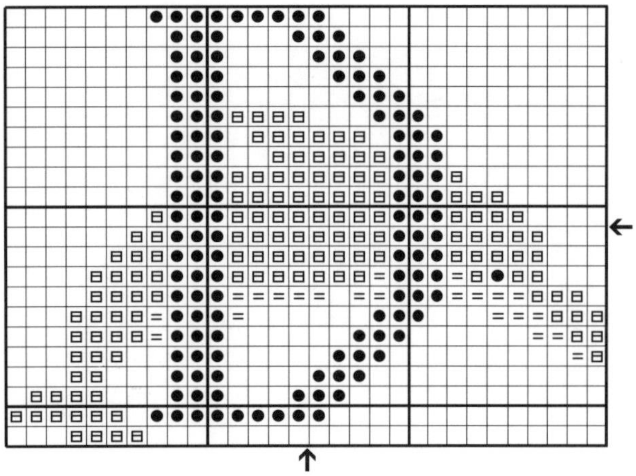

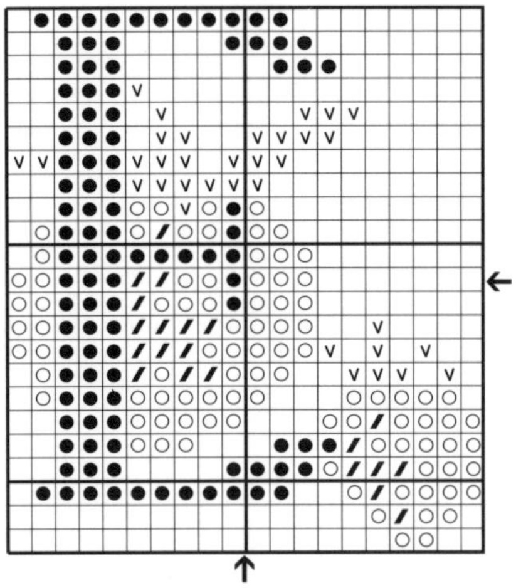

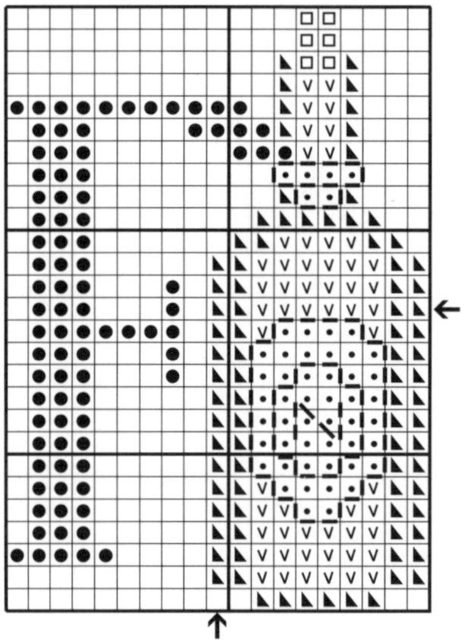

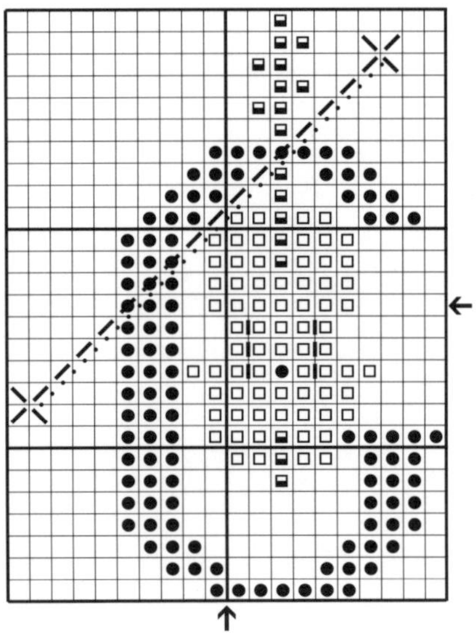

Foto Seite 46/47

Umfang der Stickerei
Buchstabe D: *22 x 30 Kreuzchen*
Buchstabe E: *23 x 20 Kreuzchen*
Buchstabe F: *27 x 19 Kreuzchen*
Buchstabe G: *27 x 20 Kreuzchen*

Unsere Farbvorschläge
Buchstabe D/E/F/G:
- ● *Schwarz (403)*
- ⊟ *Dunkelblau (133)*
- = *Hellblau (129)*
- V *Hellgrün (225)*
- ○ *Erdbeerrot (19)*
- / *Lachsrot (35)*
- ◣ *Dunkelgrün (245)*
- · *Gelb (291)*
- □ *Hellbraun (1046)*
- ⬓ *Dunkelbraun (358)*

Steppstichlinien: – – – –
Punktlinie: ·········
Schwarz (403; bei F und G)

Entwurf: Inge Wolff;
Band-Nr. 1335 Kreuzstich

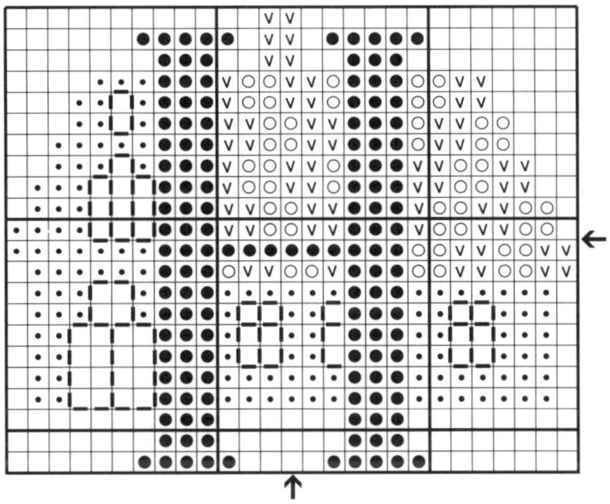

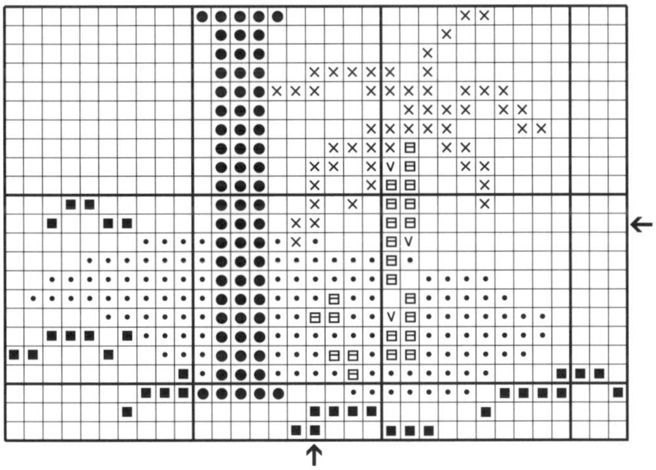

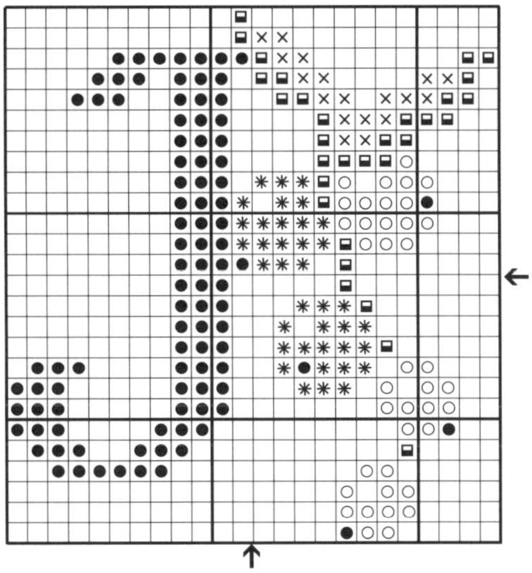

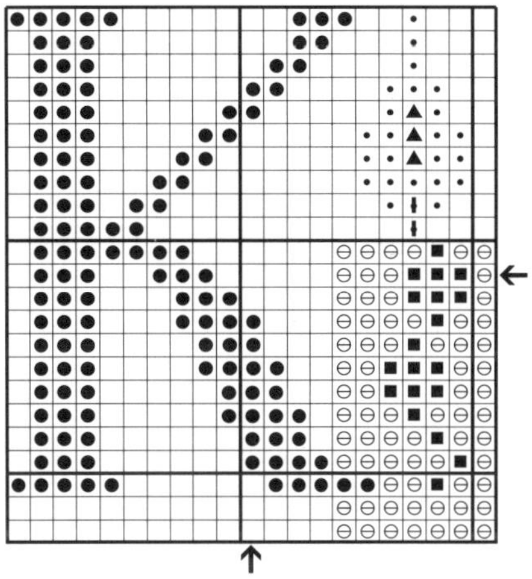

Foto Seite 46/47

Umfang der Stickerei

Buchstabe H: 22 x 27 Kreuzchen
Buchstabe I: 23 x 33 Kreuzchen
Buchstabe J: 26 x 24 Kreuzchen
Buchstabe K: 23 x 21 Kreuzchen

Unsere Farbvorschläge

Buchstabe H/I/J/K:

- ● *Schwarz (403)*
- • *Gelb (291)*
- ○ *Lachsrot (35)*
- V *Hellbraun (1046)*
- ⊟ *Dunkelbraun (358)*
- ■ *Dunkelblau (133)*
- X *Hellgrün (225)*
- ▄ *Dunkelgrün (245)*
- ✳ *Erdbeerrot (19)*
- ⊖ *Mittelblau (131)*
- ▲ *Knallrot (46)*

Steppstichlinien: – – – –
Schwarz (403; bei H und K)

Entwurf: Inge Wolff;
Band-Nr. 1335 Kreuzstich

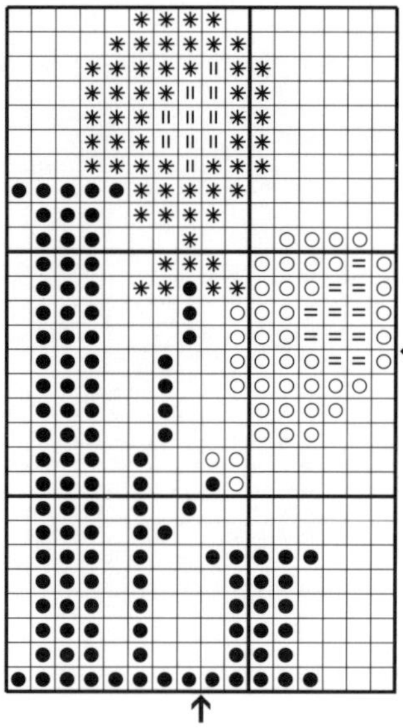

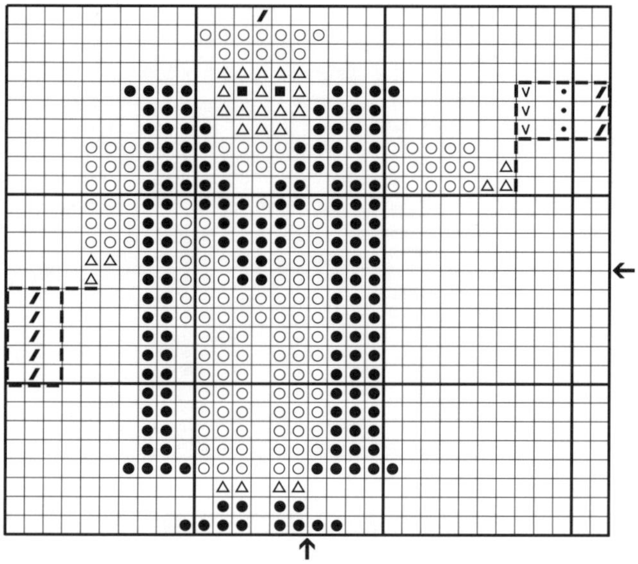

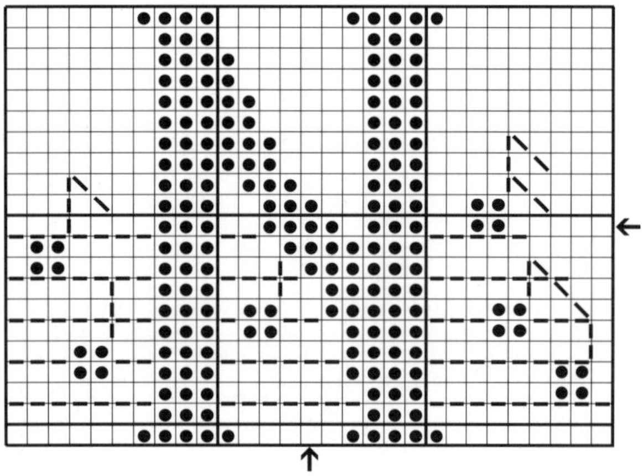

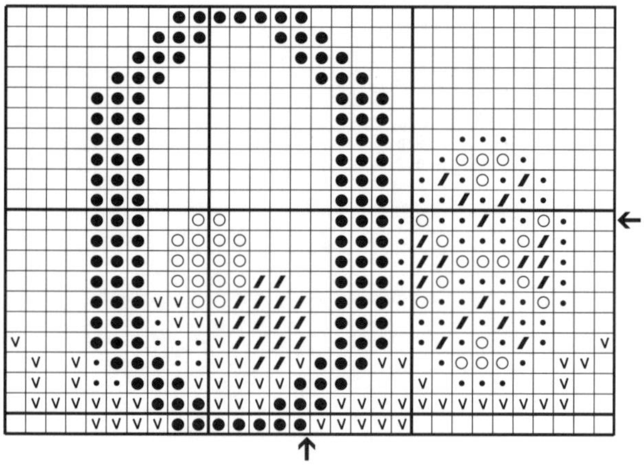

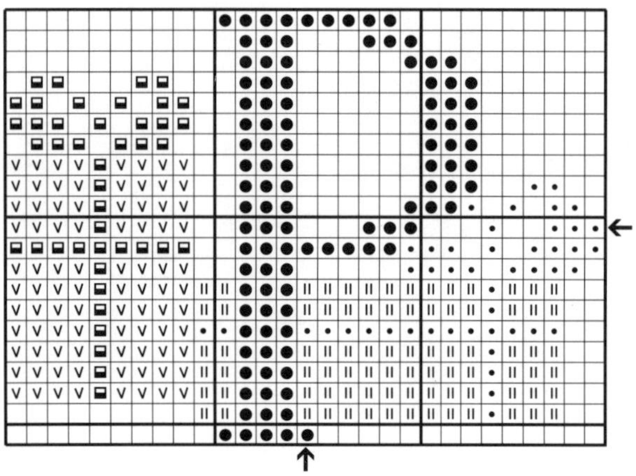

Foto Seite 46/47

Umfang der Stickerei

Buchstabe L: 28 x 16 Kreuzchen
Buchstabe M: 28 x 32 Kreuzchen
Buchstabe N: 21 x 29 Kreuzchen
Buchstabe O: 21 x 30 Kreuzchen
Buchstabe P: 21 x 29 Kreuzchen

Unsere Farbvorschläge

Buchstabe L/M/N/O/P:

- ● *Schwarz (403)*
- = *Hellblau (129)*
- ○ *Mittelblau (131)*
- II *Lachsrot (35)*
- ✱ *Erdbeerrot (19)*
- ■ *Dunkelblau (133)*
- △ *Hautfarbe (387)*
- / *Knallrot (46)*
- • *Gelb (291)*
- V *Hellgrün (225)*
- ▬ *Weinrot (22)*

Steppstichlinien: – – – –
Schwarz (403; bei M und N)

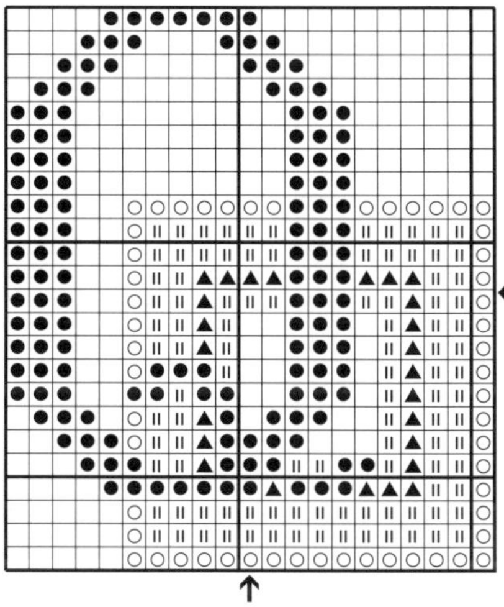

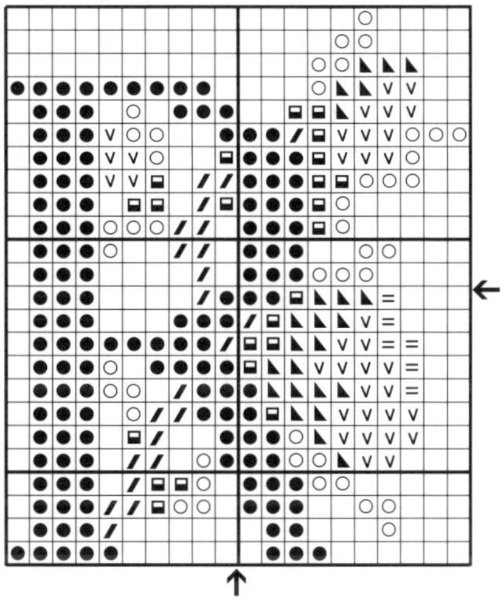

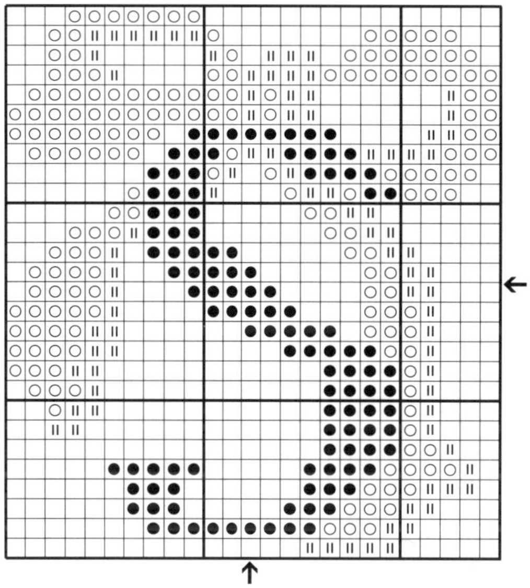

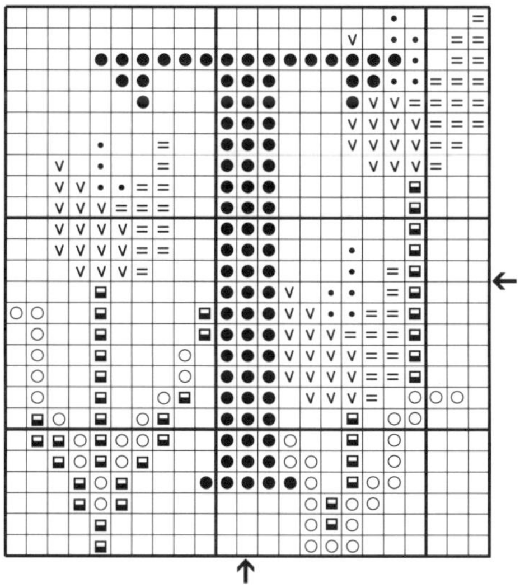

Foto Seite 46/47

Umfang der Stickerei

Buchstabe Q: *24 x 21 Kreuzchen*
Buchstabe R: *24 x 20 Kreuzchen*
Buchstabe S: *28 x 25 Kreuzchen*
Buchstabe T: *26 x 23 Kreuzchen*
Buchstabe U: *33 x 23 Kreuzchen*

Unsere Farbvorschläge

Buchstabe Q/R/S/T/U:

● *Schwarz (403)*
○ *Hellgrün (225)*
II *Mittelblau (131)*
▲ *Dunkelblau (133)*
⬓ *Dunkelgrün (245)*
/ *Hellbraun (1046)*
◣ *Weinrot (22)*
V *Erdbeerrot (19)*
= *Lachsrot (35)*
• *Gelb (291)*
✳ *Dunkelbraun (358)*

Steppstichlinien: – – – –
Schwarz (403; bei U)

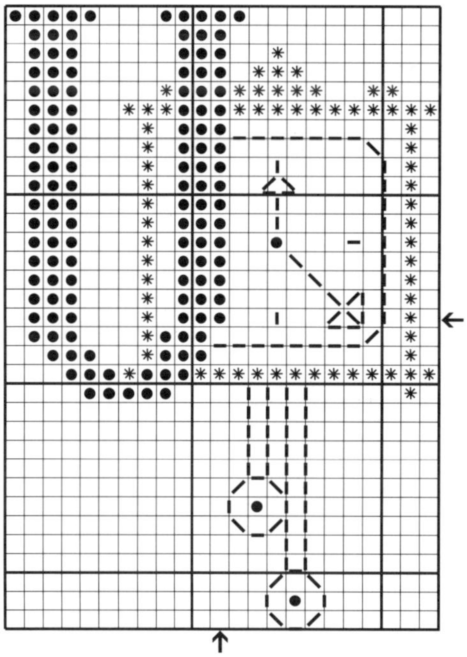

Entwurf: Inge Wolff;
Band-Nr. 1335 Kreuzstich

Fortsetzung Alphabet

Foto Seite 46/47

Umfang der Stickerei

Buchstabe V:
25 x 26 Kreuzchen
Buchstabe W:
33 x 41 Kreuzchen
Buchstabe X:
25 x 27 Kreuzchen
Buchstabe Y:
22 x 34 Kreuzchen
Buchstabe Z:
22 x 31 Kreuzchen

Unsere Farbvorschläge

Buchstabe V/W/X/Y/Z:

- ● *Schwarz (403)*
- V *Hellgrün (225)*
- ○ *Mittelblau (131)*
- • *Gelb (291)*
- ✱ *Knallrot (46)*
- △ *Lachsrot (35)*
- = *Hellbraun (1046)*
- / *Dunkelbraun (358)*
- ⬓ *Dunkelblau (133)*
- ⊖ *Erdbeerrot (19)*

Steppstichlinien: – – – –
Schwarz (403; bei W, X, Y und Z)

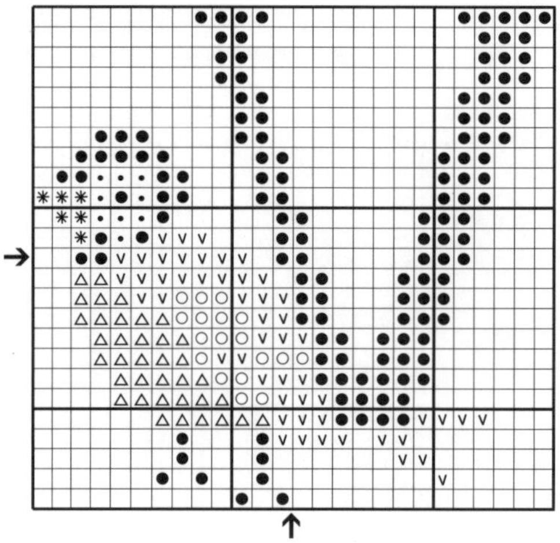

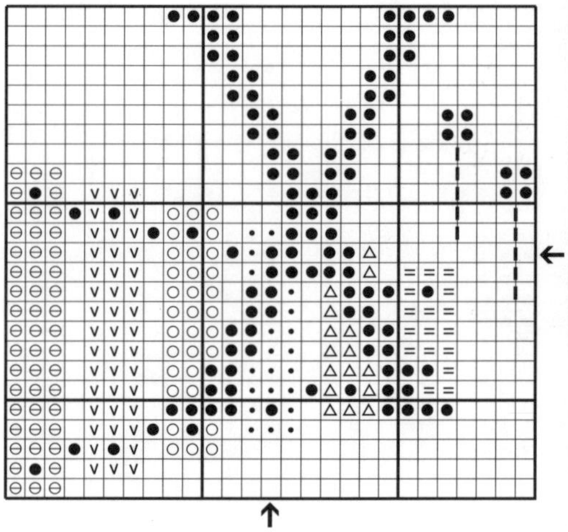

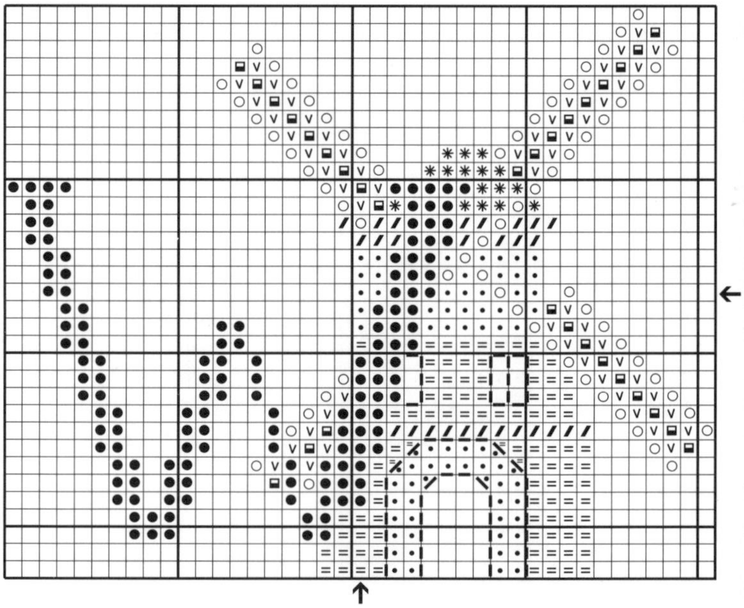

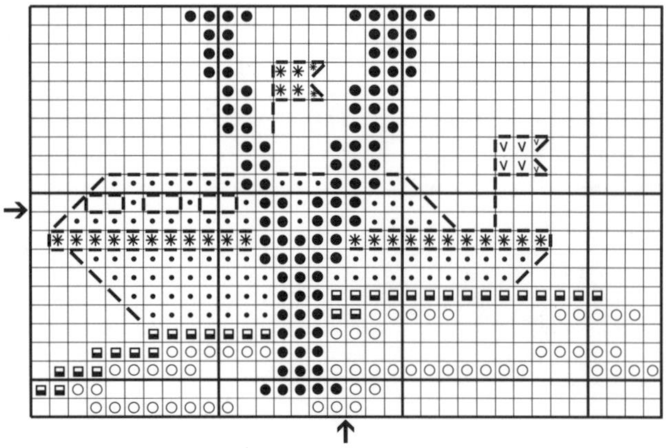

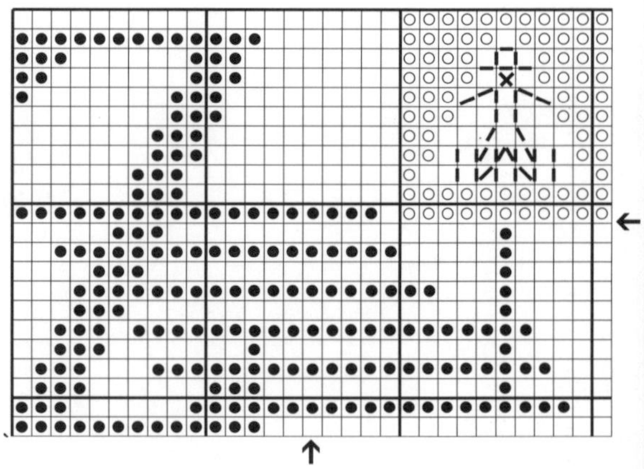